SUMÁRIO

Introdução, por Ari R. Tank Brito 9

SOBRE A LIBERDADE   31

Dedicatória 35

Capítulo introdutório 37

Sobre a liberdade 57

Da individualidade 113

Dos limites da autoridade 141

Aplicações 170

INTRODUÇÃO

O FILÓSOFO britânico John Stuart Mill escreveu extensamente sobre todos os assuntos tidos como importantes e ganhou em vida a reputação de sábio. Também foi portador de uma personalidade excepcional, austera e justa, sendo chamado de "Santo do Utilitarismo" por um importante e sagaz político britânico da época. O lugar que Mill obteve no panteão dos sábios e dos santos laicos, que isso fique claro desde o início, é absolutamente merecido. Ele foi um dos principais filósofos de sua época e um dos maiores pensadores liberais de todos os tempos. E muito embora a sua vida pessoal esteja repleta de peculiaridades, hoje em dia dificilmente compreensíveis, pode-se perceber nela um comprometimento com a causa da liberdade humana que poucos jamais tiveram, seja antes ou depois dele.

Talvez a chave desse comprometimento de John Mill resida na sua formação, uma vez que foi educado para ser um gênio desde a mais tenra infância, no que teve sucesso, embora à custa de muito sofrimento pessoal. Todo o processo teve lugar em seu próprio lar: seu pai, o também filósofo James Mill (1773—1836), assumiu a sua educação pessoalmente, seguindo um rígido processo de aprendizado. Aos dez anos, Mill já lia e escrevia em grego antigo e em latim, estudando obras que mesmo adultos achariam difíceis e complicadas, como, por exemplo, os diálogos de Platão. Ao estudo de autores antigos acrescente-se o estudo de matemática, direito, história, lógica, economia, ciências, além de uma bela dose de literatura. Não se pode afirmar que John Mill teve uma infância feliz e alegre, e que simplesmente não teve infância nenhuma talvez não seja uma afirmação exagerada. Não bastasse ter de seguir o estafante esquema de seu pai, com aulas de manhã até a noite, tão logo John Stuart Mill chegou à juventude, um outro preceptor lhe foi dado, o fundador do Utilitarismo, Jeremy Bentham (1748—1832), amigo de seu pai. Esses dois, James Mill e Bentham, fizeram o melhor que puderam para transformar o menino Mill em perfeito utilitarista. Durante um bom tempo pareceu que tinham conseguido uma proeza: a criação, através de um rígido esquema pedagógico, de uma mente inteligente, fria e racional. Nada foi esquecido, no que dizia respeito a inculcar na cabeça de John Mill não apenas os conteúdos programáticos da doutrina utilitarista, mas também um imenso cabedal de conhecimentos que facilitasse a defesa dessa doutrina. Aos treze anos, Mill estava de posse de uma instrução universitária completa de sua época, com a diferença de que não tinha sido imposta nenhuma fé religiosa, pois foi educado para ser um ateu, assim como eram seus preceptores.

A criatura não decepcionou por completo os criadores: durante toda a sua vida John Mill continuou sendo um utilitarista. O que aconteceu é que a versão do utilitarismo que lhe foi inculcada acabou por decepcioná-lo. Isso resultou numa revolta sentimental e intelectual, seguida de uma profunda busca por outras bases filosóficas para o utilitarismo, diferentes daquelas propostas por seu pai James Mill e por seu preceptor Jeremy Bentham.

O princípio básico do utilitarismo é que "a maior felicidade para o maior número (de pessoas) é o fundamento da moral e da legislação", princípio que Bentham generosa e honestamente reputou a escritores anteriores como o jurista italiano Beccaria e o homem de ciências britânico Priestley, mas que apenas com ele, Bentham, tornou-se absolutamente relevante. Este assim chamado Grande Princípio da Felicidade, ou o Princípio da Utilidade, formulado em sua obra *Princípios da moral e da legislação*, de 1789, constituiu o ponto de partida sobre o qual ergueu-se todo um sistema de normas e diretrizes, tidas como racionais e que, se seguidas, deveriam levar a um bom sistema político, a uma boa vida social, além de resultados correlatos, como bons asilos para os pobres e boas prisões para os malfeitores. Pois, para Bentham, a sua filosofia utilitarista era um projeto de reforma de caráter universal, sendo o próprio Bentham o legislador de que o mundo precisava para ser posto em eixos racionais. E ele bem que tentou passar adiante seus extensos planos de reformas, se esforçando para que os governantes do seu e de outros países pusessem em prática as ideias utilitaristas. Bentham sequer chegou perto de ter o sucesso prático que almejava, mas no campo do Direito exerceu uma influência até hoje sentida. Não apenas na forma de se entender o que vem a ser o Direito, a Lei, mas também na prática, em forma de legislação, particularmente a penal, o que não deixa de ser um sucesso para alguém que tinha como profissão a advocacia. Mas é irônico que o defensor de um princípio à primeira vista tão liberal como o do utilitarismo se tornasse conhecido principalmente por propor um tipo de edifício em que tudo o que viesse a acontecer estivesse sob a vigilância de guardas. O *Panopticon* ("onde tudo é visto") proposto por Bentham foi primeiro percebido como um prédio especialmente construído para vigiar incessantemente seus ocupantes, isto é, os prisioneiros, sem que estes pudessem ter um instante de privacidade. A arquitetura peculiar desse edifício, e deve-se anotar que penitenciárias foram de fato construídas segundo as prescrições de Bentham, com sua torre central e suas celas direcionadas para esta torre, não é tão interessante como a sua ideia central: a de que os seres humanos devem ser vigiados o tempo todo, sob pena de se rebelarem ou não trabalharem a contento. A intenção de Bentham era, pelas suas luzes, humanitária. Vigiados, os prisioneiros não se rebelariam, o que sempre acarretava perdas de vidas e propriedades, e trabalhariam com afinco, escapando assim das garras da preguiça, a principal causa de seus erros e de sua miserável situação. Vigiados para não cometer tolices e obrigados a trabalhar, os marginais (bandidos e pobres, pois o Panopticon deveria servir tanto para cadeias como para os lugares onde os moradores de rua de então eram deslocados) deixariam de ser perniciosos para a sociedade. Sendo assim, a felicidade geral aumentaria consideravelmente. Pois, numa outra formulação do Princípio da Utilidade, encontrada em uma obra de Bentham publicada em 1776, "a felicidade do maior número é a medida do certo e do errado".

Infelizmente para Bentham e os defensores do Panopticon, a realidade revelou-se bem outra: o controle total prometido, ao ser aplicado, tornava as coisas ainda piores, já que os prisioneiros, sem privacidade nenhuma em suas vidas, apelavam para ações de resistência passiva para as quais seus vigias não estavam preparados, isto é, deixavam de cumprir o que lhes era exigido. Também as rebeliões não deixaram de acontecer, não obstante toda a vigilância. O Panopticon, tal como proposto por Bentham, não é útil. Mesmo que prisioneiras, as pessoas devem ter certo grau de privacidade, de liberdade mesmo. Mas o que levou Bentham a propor um esquema assim?

O utilitarismo que surge nos finais do século XVIII, o Século das Luzes, mantém e intensifica características das ideias de *philosophes* como Voltaire, Diderot e D'Alembert. Ele é racional, antirreligioso, cientificista e contrário aos poderes constituídos. Duas especificidades utilitaristas são fundamentais para uma boa compreensão da obra *Sobre a liberdade* de Mill: a posição tomada contra os direitos naturais, que separa essa obra dos movimentos que levaram à Independência dos Estados Unidos e à Revolução Francesa, e o método que levaria a maior felicidade ao maior número de pessoas, o "Cálculo Felicífico". Ser contra os direitos naturais significava ser contra a suposição de que os direitos humanos existissem anteriormente a qualquer Lei que os tivesse criado. Não havendo Deus, como propunham os utilitaristas, e não dando a Natureza nenhum direito aos homens, os direitos humanos só poderiam existir se uma lei positiva, feita pelos homens dentro de um contexto legal, assim o proclamasse. A Declaração de Independência dos Estados Unidos, que contém a célebre frase "Mantemos ser autoevidente que todos os homens são criados iguais, e que são agraciados pelo seu Criador com certos direitos inalienáveis, entre os quais estão o direito à vida, à liberdade e à busca da felicidade", e a Declaração dos Direitos do Homem proclamada pelos revolucionários franceses, não passavam, para Bentham, de exemplos do pomposo absurdo que era a doutrina dos direitos humanos naturais. O que significa, entre outras coisas, que Mill não poderia, para defender a causa da liberdade, utilizar nenhum argumento que se relacionasse com a suposição de que a liberdade é um direito natural do ser humano. Isso não poderia ser feito sem abandonar o utilitarismo como um todo. Os argumentos em *Sobre a liberdade* têm e só

INTRODUÇÃO

podem ter um caráter utilitarista. O que foi conseguido com a introdução de mudanças de monta no segundo aspecto acima mencionado, o do Cálculo Felicífico. Como medir a felicidade? Para Bentham, a questão se limitava a fugir da dor e se aproximar do prazer, de forma quantitativa. Mais dor, mais infelicidade. John Mill, ao contrário, praticamente liquida com a possibilidade de se calcular matematicamente o índice de felicidade de uma pessoa, com a introdução do aspecto qualitativo dessa felicidade. Não é só importante o quanto uma pessoa é feliz, o quanto ela está afastada das dores e próxima dos prazeres, mas, e principalmente, como esta felicidade está construída, isto é, se ela é de qualidade ou não. Afinal, como colocou John Mill, "é melhor ser um Sócrates insatisfeito do que um homem satisfeito". Não se trata de poder calcular o quanto de felicidade um homem satisfeito teria a mais que um filósofo insatisfeito, mas sim de declarar que a posição do segundo é melhor, isto é, qualitativamente superior à do primeiro. O que vem a significar que muitas vezes é melhor ser infeliz do que feliz, uma proposição que não teria sentido para um utilitarista ortodoxo.

A introdução de critérios qualitativos para aferir não se alguém é mais ou menos feliz, mas sim se vive uma vida melhor ou pior, poderia levar a crer que Mill tivesse tornado o utilitarismo inconsistente, em desacordo consigo próprio, e não faltaram ou faltam críticos para apontar as possíveis inconsistências que apareceram no tipo de utilitarismo proposto por Mill. Se esses críticos têm ou não razão é uma questão espinhosa, e talvez insolúvel. Cabe lembrar apenas que para Mill, autor de uma *Lógica* que fez muito sucesso, a sua posição não era nem ilógica nem incompatível com os princípios utilitaristas. Pelo contrário, considerava as alterações necessárias para que o utilitarismo pudesse dar conta dos problemas que tratava.

Como se viu anteriormente, ao defender amplas reformas na legislação, o utilitarismo envolveu-se na política. Passada a época em que Jeremy Bentham ainda acreditava que as classes governantes aceitariam ser os responsáveis por essas reformas, os utilitaristas se tornaram um grupo político específico, independente tanto dos Tories (conservadores) quanto dos Whigs (liberais). Eles denominaram a si mesmos de Radicais Filosóficos; e era como um Radical que John Mill via a si mesmo, e como Radical ele foi durante algum tempo membro do Parlamento britânico. As palavras mudam de sentido, o que não deixou de acontecer com a palavra "radical": longe de querer implicar mudanças de caráter socialista, o que os utilitaristas propunham com radical significou na prática reformas no sistema capitalista de então para torná-lo mais racional e eficiente. Embora essas propostas tivessem um viés democrático, como, por exemplo, propor que a cada homem correspondesse um voto, isso quando na Grã-Bretanha de então a população simplesmente não tinha direito de voto, elas carregavam consigo um pendor antipopular. Os utilitaristas, os Radicais, se propunham ser a elite intelectual de que, segundo eles, a nação precisava, sem que de fato atentassem ao país como esse realmente era. Tudo o que não era racional e utilitário era tido como antiquado e obviamente destinado a ser destruído e substituído por algo mais científico. Pode-se dizer que os Radicais queriam fazer a parte que achavam ter sido a dos Girondinos na Revolução Francesa, sem promover a efusão de sangue trazida pelo Terror jacobino. E isso sem se ligar a "falácias anárquicas", como considerávam, por exemplo, os direitos humanos. O que também significava não se importar com os costumes, os modos de vida e as crenças religiosas da população. A reforma viria do alto, à massa cabendo apenas seguir os líderes e aprender a se comportar.

No entanto, nem a população em geral nem a maior parte das classes dominantes se dispuseram a seguir completamente o receituário utilitarista. Os que mandavam, os Lordes e os grandes capitalistas, não trocaram os seus interesses de classe pelo seu "interesse bem compreendido", preferindo o mais das vezes ou ser contra qualquer reforma ou a favor de reformas paulatinas. Não se sentiam inclinados a apoiar algo tão abstrato e incomum como as propostas radicais. Já o povo, de modo geral, passou a ter medo dos utilitaristas, medo que se percebe claramente expresso no romance de Charles Dickens *Tempos difíceis* (*Hard Times*, 1854). Neste romance, a figura tétrica de um utilitarista, o senhor Thomas Gradgrind — "Um homem de realidades. Um homem de fatos e cálculos. Um homem que age sob o princípio de que dois e dois são quatro, e nada mais [...]" —, é utilizada por Dickens para mostrar como o utilitarismo chegava à vida das pessoas: sem coração e sem alma, já que o utilitarista só conseguia calcular, e neste cálculo punha por terra o que a vida tinha de bom. Amor, sentimentos, poesia, eram deixados de lado, substituídos por um infame calcular de lucros e perdas, que se aplicava tanto à vida familiar como às fábricas, onde os trabalhadores eram submetidos a rígidos e extenuantes horários de serviço e a cotas de produção desumanas. Neste mesmo romance, aliás, a educação dos filhos do senhor Gradgrind é uma paródia da educação a que John Mill foi submetido, com ênfase na memorização mecânica de dados exatos sobre as coisas. Talvez os utilitaristas tivessem boas intenções, mas o julgamento que se fazia a seu respeito era que queriam pavimentar o caminho para o inferno.

Para John Mill, certa inexperiência nas coisas da vida, tanto de Bentham quanto de seu pai, James Mill, foi responsável diretamente por este mal-estar e pelas propostas inexequíveis (mesmo em termos utilitaristas, já que tendiam a aumentar a infelicidade das pessoas) que o geraram. Bentham, principalmente, era para John Stuart Mill um homem de ideias claras, mas pouco amplas, já que para ter ideias claras sobre assuntos complexos é necessário, como ele escreveu em um ensaio crítico a respeito de seu ex-professor ("Essay on Bentham", 1838), negar "a completamente não analisável experiência da raça humana". Bentham, em suma, era um doutrinário, talvez mesmo um dogmático, e como tal, via as coisas de modo parcial e incompleto.

No entanto, se Mill escreveu e publicou quando tinha 22 anos uma crítica ao seu mestre Bentham, isso não quer dizer que ele tenha deixado de ser um adepto do utilitarismo. Isso nunca ocorreu, John Mill continuou a ser um utilitarista até o fim da sua vida. Ele não se tornou um apóstata, mas sim um herético. Isto é, ele introduziu mudanças significativas no que se conhecia como utilitarismo, mudanças essas que, como se verá adiante, acabaram por tornar sua filosofia bem mais complexa e bem menos dogmática. Essas mudanças não ocorreram apenas por razões teóricas, mas por razões pessoais e profundas.

O que veio primeiro foi uma desilusão sentimental sobre o utilitarismo. Quando muito jovem ainda, mas já seriamente empenhado em discutir e espalhar os princípios utilitaristas, Mill, conforme nos conta em sua *Autobiogra-*

fia (publicada postumamente em 1874), fez a si mesmo a seguinte pergunta: "Suponha que todos os seus objetivos na vida foram realizados, que todas as mudanças nas instituições e opiniões pelas quais você vem se esforçando pudessem acontecer neste exato momento: Isso seria uma grande alegria e felicidade para você?". A resposta foi um triste *Não!*, e essa resposta, vinda de seu íntimo, mudou a sua vida. Se a concretização dos ideais pelos quais lutava não o deixaria feliz, nada mais poderia fazê-lo. Com essa "crise mental", John Stuart Mill se tornou então a pessoa mais triste do mundo, carregando o peso de ter de se esforçar por coisas que, ele sabia, não iriam jamais satisfazê-lo. Não contou a seu pai ou seus amigos nada a respeito dessa revelação ou constatação, que manteve por anos em segredo.

Um filósofo utilitarista que descobre que o utilitarismo, mesmo funcionando, não o deixaria feliz, certamente tem um grande problema nas mãos. A questão, para Mill, foi solucionada com um grande custo pessoal. Exteriormente, ele continuou como antes, o jovem radical, sempre disposto a estudar, a escrever e a polemizar, defendendo as ideias básicas do utilitarismo. Interiormente, passou a viver sob uma sombra, com os seus sofrimentos e dilemas dilacerando-o aos poucos. Já que não podia abandonar as ideias aprendidas, ele tomou o único caminho possível, o de remodelá-las. E o fez introduzindo suas angústias e expectativas no inadequado programa dentro do qual e pelo qual vinha lutando.

Foram vários os passos que John Mill teve que dar para sair de sua crise mental, todos dolorosos. Intelectualmente, o mais difícil certamente foi o de ter de admitir que alguns inimigos do utilitarismo não estavam tão errados assim. A sua leitura do poeta e crítico romântico

Coleridge certamente é a mais sintomática — Coleridge atacou as ideias de James Mill por escrito, o que levou John Stuart Mill a defender seu pai também por escrito. Contudo, as críticas de Coleridge várias vezes acertaram o alvo, já que de fato o utilitarismo pecava por ser ingênuo, inclusive simplório, quando tratava da vida social, da história, da arte. John Mill estava preparado para reconhecer isso, já que ele próprio era um apreciador da literatura romântica, a qual proporcionava alívio para os seus sofrimentos. Como tudo aquilo que consola pode ter alguma utilidade, já que nos afasta da dor, a poesia romântica (Jeremy Bentham não apreciava nenhum tipo de poesia e James Mill apenas a poesia greco-latina) não podia ser descartada sem mais.

Mas, como obrigatoriamente tinha de ser, quando se tratava de John Stuart Mill, não era apenas o caso da poesia sentimental de cunho romântico ter o dom de aliviar suas dores. O que os românticos pensavam sobre a sociedade o fazia duvidar, refletir e tentar expor melhor suas próprias ideias. Os românticos, de modo geral, eram o contrário dos utilitaristas: sentimentais, tradicionalistas, intuicionistas e, muitas vezes, com pendores revolucionários. O que John Mill aprendeu com eles foi a expressar ideias que já tinha consigo, mas que não conseguiria formular claramente se usasse apenas as categorias utilitaristas.

Tendo sofrido uma crise pessoal e intelectual, a saída possível de Mill teria que tentar contemplar ambos os aspectos. No campo pessoal, o encontro com uma mulher, Elizabeth Harriet Taylor, significou o ponto de mudança tão esperado. Ela sendo casada, John Mill teve de esperar anos até que ela enviuvasse e eles pudessem se casar, o que parece uma história banal, até que se observe que

INTRODUÇÃO

Mill e Harriet jamais foram amantes e que a importância dela na sua vida não foi estritamente sentimental, mas também teve um caráter filosófico e político. Harriet era uma radical também, mas de cunho religioso, enquanto Mill era um ateu convicto, mas essa diferença não impediu que Mill se sentisse impelido a acompanhar Harriet em empreendimentos reformistas. Mill teria sido menos ousado em suas ideias sem o incentivo da amiga e depois esposa. E nunca deixou de reconhecer a importância que ela teve na sua vida intelectual, como demonstra a dedicatória de *Sobre a liberdade*, a última obra de Mill, que contou com a colaboração de Harriet. Há aqueles que alegam que a influência de Harriet foi deletéria para o pensamento de Mill, que as ideias utilitaristas dele não se harmonizaram bem com as ideias religiosas e democráticas dela, mas esse julgamento é mais que falho, é tolo. Mesmo que se admita que as ideias de Mill se tornaram inconsistentes porque ele teve de lidar com aspectos que o utilitarismo clássico não comportava, além de incorporá-los em sua obra, a abertura proporcionada ao pensamento de Mill, a amplitude que ele pôde desenvolver nas suas ideias, seria mais que suficiente para compensar alguma inconsistência baseada em parâmetros pequenos e demasiado rígidos. É o que se percebe lendo *Sobre a liberdade*, a sua obra mais influente. Se a ortodoxia do utilitarismo de Mill pode ser posta em dúvida, o resultado dessa possível heterodoxia é nitidamente superior a qualquer coisa que outros utilitaristas escreveram anteriormente sobre a política e a sociedade, como se pode perceber à medida em que a obra é lida.

Logo no primeiro capítulo, Mill apresenta o seu famoso princípio da liberdade:

que o único fim pelo qual se permite que a humanidade, coletiva ou individualmente, interfira com a liberdade de ação de qualquer um dos seus números é a autoproteção. Que o único propósito pelo qual o poder pode ser exercido de forma justa sobre qualquer membro de uma comunidade civilizada, contra a vontade dele, é o de prevenir danos aos outros.

Este princípio, longe de ser simples e facilmente inteligível, foi motivo de discussões acirradas, grande parte das quais girando sobre a sua coerência. Mas nem sempre se dá atenção ao detalhe de que este princípio, tal como formulado, é um princípio de restrição da liberdade, já que Mill trata da liberdade civil ou social e "a natureza e limites do poder que pode ser legitimamente exercido pela sociedade sobre o indivíduo". O princípio mesmo se divide em dois aspectos, um em relação à humanidade como um todo, e o segundo em relação a uma sociedade já organizada. Tanto no primeiro como no segundo caso, vale a mesma restrição, mas no segundo trata-se da aplicação de um poder legal, enquanto no primeiro as condições de aplicação não estão bem definidas, valendo para todas as sociedades humanas. Vale também para ambos os casos a mesma pergunta, sempre repetida quando se trata de discutir as bases e a amplitude deste princípio: o que significa "autoproteção" e "prevenir danos às outras pessoas"? Num primeiro momento, trata-se do direito à vida, o direito à autopreservação e à preservação da vida de outrem, o exemplo clássico. Mas é claro que é preciso ir muito mais além: Mill continua o seu texto delineando os casos em que o seu princípio se aplicaria ou não. Por exemplo, até quanto pode um pai de família gastar a sua renda em bebidas? Não pode gastar muito, se esse gasto prejudicar o bem-estar dos seus. Um homem solteiro e sem ligações, ele já pode gastar o que quiser, já que o único prejudicado é ele mesmo. A única pena que

Mill aceita neste caso é a reprovação moral da sociedade. De exemplos assim saíram muitas discussões inflamadas, girando em torno da candente questão sobre se esses e outros exemplos ampliariam ou não o grau de liberdade de uma sociedade. Como se Mill estivesse se referindo a uma futura sociedade permissiva, quando homens e mulheres viveriam "cada um na sua", e não à moralista, religiosa e intransigente sociedade vitoriana. E como se a reprovação moral fosse algo que se pudesse ignorar com um dar de ombros, debaixo da proteção de leis que garantam as diferenças de "experiências de viver", justamente as garantias que não existiam e que Mill queria implementar. A questão da liberdade seria a questão vital do futuro, não por ser uma novidade, mas pelas condições já alcançadas pelas "mais civilizadas partes" do globo.

Essa liberdade que não podia, exceto em circunstâncias bem definidas, ser afetada, era uma constante histórica oriunda da Grécia e Roma antigas e que chegava até a Inglaterra. A menção conjunta à Inglaterra, Roma e Grécia não é ocasional, pois indica o caminho da liberdade para Mill. No mundo antigo, liberdade era entendida como "proteção contra a tirania dos governantes". Não se trata de uma diferença entre a liberdade dos antigos e dos modernos, mas da mesma liberdade, a liberdade de não ser oprimido. Mill mostra o caminho que foi percorrido para controlar o poder dos governantes de oprimir os governados, primeiro pelo reconhecimento de certas imunidades, as liberdades ou direitos políticos, e pelo posterior estabelecimento de controles constitucionais. O primeiro passo acabou sendo aceito pela maioria dos países europeus, mas não o segundo, que se tornou em toda parte o "principal interesse dos amantes da liberdade". Como essa segunda etapa já começa a ser implantada e fortalecida pelo menos nas nações mais avançadas, o problema de não ser oprimido pelos governantes deixa de ser tão importante quanto o era anteriormente. Cresce, porém, outro tipo de controle, o controle das sociedades sobre os seus membros, que numa sociedade composta por muitos membros caracteriza-se por ser uma tirania da maioria, "quando a sociedade é ela mesma a sociedade-tirana, coletivamente, sobre os indivíduos que a compõem". Se antes essa tirania era exercida por meio dos atos das autoridades públicas, com o controle dessas pelas saídas constitucionais, que fazem os governantes responsáveis diante da comunidade (isto é, podendo ser punidos se exercerem mal o poder a eles confiado), agora ela se exerce diretamente pela própria sociedade, mesmo que ao arrepio da lei. Apenas a proteção diante do magistrado não basta:

Precisa-se também de proteção contra a tirania da opinião e sentimento prevalecentes, contra a tendência da sociedade em impor, por outros meios que as penas civis, as suas ideias e práticas próprias como regras de conduta sobre aqueles que divirjam delas.

A proteção à liberdade é primordial, seja no campo social ou no campo do conhecimento: só a manutenção da liberdade garante o aumento do conhecimento. Este, em si, nunca está completamente garantido, mas sempre há possibilidades de melhorá-lo, tornando-o mais acurado, desde que haja liberdade de discussão e pesquisa. Na medida em que o grau de conhecimento científico aumenta, mais e mais conclusões são tidas como corretas e tiradas do terreno da discussão. Mas esse aumento de certezas depende inicialmente da liberdade de defender pontos de vista divergentes. Mill vai bem longe na defesa da liberdade de opinião, pois se uma pessoa tem uma opinião, seja ela falsa ou verdadeira, silenciá-la é ruim, muito mais para aqueles contrários a tal opinião do que para aqueles que a defendem.

O que já foi exposto nos permite compreender por que o já falecido filósofo liberal britânico Isaiah Berlin (1909—1997), em seus *Quatros ensaios sobre a liberdade*, considerou John Stuart Mill como o grande filósofo da liberdade e, em termos mais práticos, "o mais apaixonado e o mais famoso defensor na Inglaterra dos humilhados e oprimidos", o defensor, pela vida toda, "dos heréticos, dos apóstatas, dos blasfemos, da liberdade e do perdão". No que talvez seja uma colocação melhor, pode-se afirmar que, não importando o assunto em questão, Mill sempre entendeu o tema da liberdade como extremamente relevante a esse assunto. Que dessa importância dada à liberdade se tire, como Berlin, a conclusão de que nas propostas e nos atos de John Mill o que de fato importava era única e somente a liberdade e a justiça (a qualquer preço), e não a capacidade de ser útil, não é, porém, nenhum exagero. Mas mesmo Berlin tem de admitir que, para Mill, a liberdade não era um fim, mas sim um meio. Como está colocado em *Sobre a liberdade*, o objetivo da liberdade, a sua razão de ser, a sua utilidade, é o aumento do bem-estar da humanidade. A liberdade constitui-se na única e infalível fonte do aprimoramento da humanidade. O avanço desta ocorre quando o "espírito da liberdade" ou "do progresso ou melhoria", como é chamado dependendo das circunstâncias, prevalece sobre o "despotismo do costume". Nem sempre o espírito da melhoria é igual ao espírito da liberdade, como explica Mill, já que o progresso pode ser imposto a um povo que não o deseja. Neste caso, o espírito da liberdade pode se aliar provisoriamente aos opositores do progresso. Esta concessão de Mill em relação a um espírito de liberdade retrógrado não parece significar muito, se é que de fato não passa de uma incoerência. Para Mill, o progresso só ocorre pela obra de uma elite intelectual, que carrega consigo o espírito da liberdade, em confronto com o conformismo (ou revolta anárquica) das massas. A proposição de que uma elite realize o desenvolvimento – o qual exige a livre discussão de ideias – através de métodos despóticos pode ser creditada não a algum pessimismo escondido dentro do utilitarismo milliano, mas sim a seu otimismo, que o levava a considerar que o pior já tinha passado, pelo menos nos países mais civilizados. O problema estaria em que, como o progresso não se interrompe, ao contrário do que temia ou desejava Mill, uma argumentação semelhante sobre o papel progressista do despotismo poderia ser e realmente foi utilizada para justificar regimes ditatoriais que surgiram depois da época vitoriana, muitos deles na Europa já "civilizada". A tal tirania da maioria, tão temida, nem sempre foi a responsável pelos horrores que se seguiram à democratização (que Mill apontava como a mais forte tendência do mundo moderno, mesmo que não fosse acompanhada pela implementação de instituições políticas populares).

Em *Sobre a liberdade*, a liberdade que vale é a liberdade individual, de pessoas conscientes, adultas e bem educadas. São elas, seus gostos, seus modos de vida e suas ideias que devem ser protegidos, tanto das ameaças que vêm de cima como de baixo. Que Mill esteja também falando em causa própria é uma conclusão óbvia, mas ela não esgota a questão. A proteção à liberdade, como já foi mostrado, implica a continuidade do desenvolvimento e, portanto, a possibilidade de ampliar não só as liberdades, mas o usufruto das benesses trazidas pelo progresso à maioria da população. E é por este caminho que o ci-

INTRODUÇÃO

vismo ou republicanismo de Mill faz a sua entrada. A defesa da liberdade individual que Mill verte página após página, frase após frase, está ligada a uma concepção de dever séria, dura, exigente, que oferece pouca margem a liberalidades no viver. Este é o grande golpe de mágica de Mill: ao defender justamente o que poderia parecer indefensável, a liberdade de qualquer um fazer o que quiser, desde que não prejudique os outros, Mill está de fato defendendo de serem perseguidos não só os melhores, como abrindo a possibilidade de que as outras pessoas possam também se autoaperfeiçoar. Esta defesa tem um custo, já que muitos farão, com toda a certeza, mal uso desta liberdade. Este é um preço que se tem de pagar. Mas há também lucros, já que a humanidade é a maior ganhadora quando suporta que cada qual viva como lhe apetece.

Novamente, a importância da manutenção da liberdade torna-se geral, de interesse público. Liberdade de pensamento e de gosto, não de ação: "Ninguém defende que as ações possam ser tão livres quanto as opiniões". Ações têm consequências que estão sujeitas ao controle e repressão governamentais. A liberdade de expressão de opiniões também não é irrestrita: uma coisa é afirmar, numa roda de amigos, que toda a propriedade é um roubo. Bem outra é expressar a mesma opinião aos brados, acompanhado de uma multidão enfurecida, diante da mansão de uma pessoa rica. Falar em público é, de certa forma, agir ou levar à ação. E as más consequências da ação ou fala de uma determinada pessoa não são protegidas pelo princípio da liberdade, encontrando-se além de seus limites, já que as consequências dos atos devem ser imputadas àquele que pratica a ação, e a sociedade pode e deve punir severamente aquele que por seus atos prejudicar as outras pessoas.

Mill não é nem um pouco dócil em relação à aplicação de penas merecidas, mas esta severidade não deve ser entendida como mal colocada dentro de sua filosofia política. Embora Mill seja duro com os que quebram as leis, essas devem ter os seus limites e aplicações muito bem pensadas (na prática, restringidas) de modo a impedir injustiças. Como a questão das provas, para os utilitaristas, pende a favor dos acusados, o rigor de Mill é um tanto, se não muito, matizado. A linguagem de Mill está sempre carregada de um rigorismo moral que se encontra espalhado por toda a sua obra. Este, no entanto, desigualmente distribuído, as classes populares sendo beneficiárias de uma maior amplitude de compreensão que as elites. As primeiras, fracas, desunidas e subjugadas, são mentirosas (embora envergonhadas dessa característica) e propensas a cometerem ações que acabam por infligir mais mal ainda a elas próprias. Para as elites bem pensantes, restam os deveres e os prazeres intelectualmente mais refinados. Apesar de Mill afirmar que não se trata de restringir a individualidade ou de impedir a experiência com novas e originais maneiras de se viver, constitui sempre um problema até onde essas novas experiências de viver podem ser estendidas. Na vida particular de cada pessoa praticamente não há limites *a priori*, mas como essa vida particular ocorre conjuntamente com a social, os problemas levantados por Mill sobre os limites dessa liberdade tornam-se extremamente relevantes. Os "vícios morais" de uma pessoa podem afetar apenas a ela e àqueles que compartilharem dos mesmos gostos, mas os excessos de novas e originais experiências podem se tornar perigosos, cair na boca do povo, por assim dizer.

INTRODUÇÃO

Daí Mill propor a contenção, o autocontrole, aliados ao trabalho extenuante e a diversões de alto nível (Mill foi um botânico amador respeitado, que descobriu inclusive espécies não-catalogadas) como adequadas à elite, para a qual "o mais apaixonado amor à virtude e ao autocontrole" são, ou deveriam ser, qualidades intrínsecas. Como para as qualidades ou virtudes pessoais vale o mesmo que para os defeitos pessoais, isto é, elas só valem para cada pessoa, então o amor à virtude e o autocontrole devem ter um valor social que os ligue à sociedade. Virtudes são, quase por definição, totalmente públicas, e cabe à elite tê-las e mostrá-las como exemplo e como amostra da capacidade de liderança e, por consequência, de suas obrigações para com a população e o país. Mill reconhece que esta sua visão tem um caráter passadista, já que o "pouco de reconhecimento que a ideia da obrigação para com o público consegue na moderna moralidade é derivado de fontes gregas e romanas". Mill não propõe um retorno completo ao ambiente moral da Antiguidade, mas sim a preservação de aspectos dessa moralidade dentro de um novo mundo. O que faltaria aos tempos atuais é o espírito público, sem o qual uma sociedade não poderia nem se desenvolver nem perseverar. Na verdade, é necessária a ampliação desse espírito. O último baluarte contra o domínio das massas num mundo democratizado, reservado até então às elites, deve passar em grande parte para a responsabilidade do próprio povo. Sem esta passagem, tudo está perdido, pois nem a liberdade nem o desenvolvimento sobreviverão. Que Mill não tenha uma opinião muito favorável sobre a grande massa do povo em nada impede que ele veja na educação desta o supremo dever dos que possuem a riqueza intelectual e também – em menor escala – dos que têm sob o seu controle as riquezas materiais. O caminho pode ser longo e árduo, mas é o único. E, dentre as fraquezas morais da massa, algumas podem ser utilizadas para ajudar o desenvolvimento moral e político delas próprias, pois, "de modo geral, a humanidade não somente é moderada no seu intelecto, mas também nas suas inclinações". As massas podem ser modeladas através dos bons exemplos, que ajudam a criar uma consciência. O povo, para Mill, não é mau, não procura ativamente fazer o mal, apenas não tem uma consciência moral evoluída, pois "não é porque os desejos dos homens são fortes que eles agem mal, mas sim porque as suas consciências são fracas". Ensinado, treinado, o povo, as pessoas em geral aprenderão a se comportar bem e a assumir responsabilidades que lhes permitirão participar dos negócios públicos, cada qual segundo a sua capacidade, de forma racional e que atente aos seus verdadeiros interesses. Para isto é necessário educação e também participação na direção dos negócios públicos de caráter mais local e próximo ao cotidiano das pessoas.

Sobre a liberdade fez sucesso a partir do momento em que foi publicado pela primeira vez, e durante anos foi considerado, em universidades inglesas e norte-americanas, como o texto básico sobre o liberalismo. As ideias de Mill, no entanto, não se deram bem durante a maior parte do século XX, quando movimentos autoritários e antiliberais, como o comunismo, o fascismo e o nazismo, atraíram a atenção e levaram ao engajamento de milhões e milhões de pessoas numa busca desenfreada por uma nova época, uma nova ordem, um novo ser humano, busca que acabou resultando na morte de dezenas de milhões de pessoas. De fato, num mundo em que o que se queria era simplesmente extirpar os inimigos, fossem eles de raças ou de classes diferentes, defender que é melhor e muito mais útil que todas as opiniões sejam ouvidas e debatidas, num clima de liberdade de opinião e de ação, era pedir para ser tido como velho e antiquado. John Stuart Mill foi então rotulado como um economista burguês, como um vitoriano ingênuo que acreditava no progresso, e como um mero liberal que defendia sua posição de classe. Hoje em dia, quando as ameaças contra a liberdade avultam de todos os lados, como aliás também nos dias de Mill, a leitura e a consideração de *Sobre a liberdade* pode ser um meio de se entender e enfrentar os problemas atuais. A liberdade é sempre uma questão espinhosa, e quase sempre os espinhos dela constituem a liberdade dos outros, daqueles que não pensam como nós. Mill entendeu isso como ninguém e se empenhou em passar essa mensagem para as gerações futuras. Se durante um bom tempo parecia pouco provável que essa mensagem ainda encontrasse leitores, talvez seja hoje o momento de reavaliar essa impressão.

SOBRE A LIBERDADE

O grande e predominante princípio, para o qual todo argumento desenvolvido nessas páginas converge diretamente, é a absoluta e essencial importância do desenvolvimento humano em sua mais rica diversidade.

Sphere and Duties of Government
[Esfera e deveres do governo]
Wilhelm von Humboldt

DEDICATÓRIA

Dedico este volume à amada e pranteada memória daquela que foi a inspiradora e, em parte, a autora de tudo que há de melhor em meus escritos — à amiga e esposa cujo exaltado sentido do verdadeiro e do correto foi meu mais forte incentivo, e cuja aprovação foi a minha principal recompensa. Como tudo o mais que tenho escrito por tantos anos, ele pertence tanto a ela quanto a mim; mas a obra, tal como ela está, teve apenas em grau muito deficiente a inestimável vantagem de ter sido revisada por ela, pois algumas passagens ficaram à espera de cuidadoso e novo exame, que estão agora destinadas a nunca receber. Se fosse eu capaz de apresentar ao mundo metade dos grandes pensamentos e dos nobres sentimentos que agora estão enterrados no seu túmulo, seria então o intermediário de um benefício para este mundo maior do que jamais poderia surgir de algo que eu possa escrever sem o incentivo e ajuda de sua sabedoria incomparável.

CAPÍTULO INTRODUTÓRIO

O ASSUNTO deste ensaio não é a assim chamada Liberdade da Vontade, contraposta de modo tão infeliz à incorretamente denominada doutrina da Necessidade Filosófica, mas sim a Liberdade Civil ou Social: a natureza e os limites do poder que pode ser exercido legitimamente pela sociedade sobre o indivíduo. Uma questão dificilmente posta às claras e quase nunca discutida em termos gerais, mas que pela sua presença latente influencia profundamente as controvertidas práticas de nossa época, e que possivelmente logo se fará reconhecer como sendo a questão vital do futuro. Longe de ser uma novidade, em certo sentido ela tem dividido a humanidade quase desde os tempos mais remotos, mas, no patamar de progresso em que entraram agora as porções mais civilizadas da espécie humana, ela se apresenta sob novas condições e requer um tratamento diferente e mais fundamental.

O conflito entre Liberdade e Autoridade é a mais evidente faceta dos eventos históricos com que estamos familiarizados, particularmente os da Grécia, Roma e Inglaterra. Mas nos tempos antigos essa competição permanecia entre os súditos ou entre algumas classes dos súditos e o governo. Por liberdade se queria significar proteção contra a tirania dos dirigentes políticos. Considerava-se que os dirigentes (exceto alguns governos populares da Grécia) estavam necessariamente numa posição de antagonismo em relação ao povo que governavam. Eles consistiam ou de um governante apenas ou de uma tribo ou casta governante, que obtinha sua autoridade por herança ou conquista; alguém que, de qualquer modo, não a possuía devido à concordância dos governados, e cuja supremacia os homens não se aventuravam a contestar — e talvez nem sequer o desejassem — quaisquer que fossem as precauções que tomassem contra o seu exercício opressivo. O poder dos governantes era visto como necessário, mas também como altamente perigoso; como uma arma que eles poderiam vir a usar tanto contra seus súditos quanto contra os inimigos externos. Para impedir que os membros mais fracos da comunidade fossem atacados por inumeráveis abutres, era necessário que houvesse um animal de rapina mais forte que o resto, que tivesse por função mantê-los sob controle. Mas como o rei dos abutres não estaria menos propenso a atacar o rebanho do que qualquer uma das harpias menores, era indispensável que se mantivesse uma atitude de defesa contra o seu bico e as suas garras. O objetivo, portanto, dos patriotas era o de antepor limites ao poder de que o governante dispunha sobre a comunidade, e era essa limitação que eles reconheciam como liberdade. Tentaram estabelecê-la de duas maneiras. A primeira, através do reconhecimento de certas imunidades, chamadas de liberdades políticas ou direitos, pelas quais sua infração por parte do governante era vista como uma violação do dever; se de fato houvesse a infração, então uma resistência específica, ou uma rebelião geral, era tida como justificada. A segunda maneira geralmente consistia em uma medida posterior, através do estabelecimento de constrangimentos constitucionais, do consentimento da comunidade ou de algum tipo de corpo, que se supunha representar os interesses desta, a condição necessária para alguns dos atos mais importantes do poder dominante. Muitos países europeus foram compelidos, em maior ou menor grau, a se submeter ao primeiro desses modos de limitação dos poderes dominantes. O mesmo não se passou com o segundo; e obtê-lo, quando não se o tem, ou aumentá-lo, quando já se o possui parcialmente, tornou-se em toda a parte o objetivo dos amantes da liberdade. Enquanto a humanidade esteve satisfeita em combater um inimigo depois do outro, e em ser governada por um senhor, com a condição de estar protegida de forma mais ou menos eficaz contra a tirania dele, os amantes da liberdade não levaram suas aspirações além deste ponto.

Entretanto, no progresso dos assuntos humanos chegou um momento em que os homens deixaram de pensar que é uma necessidade da natureza que seus governantes tenham de ter um poder independente, oposto aos seus interesses. Pareceu-lhes muito melhor que os vários magistrados do Estado pudessem ser seus representantes ou delegados e que pudessem ser revogados quando lhes aprouvesse. Somente dessa maneira, assim pareceu, poderiam eles ter total segurança de que os poderes do governo nunca seriam utilizados para a sua desvantagem. Gradativamente, essa nova demanda por magistrados eletivos e temporários tornou-se o principal objetivo dos esforços do partido popular, onde quer que um partido com esse pendor existisse, e superou, em larga escala, os esforços anteriores para limitar o poder dos governantes. Enquanto se dava o conflito para fazer com que o poder dominante emanasse de uma escolha periódica por parte dos governados, algumas pessoas começaram a pensar que tinha sido dada importância demasiada à limitação dos poderes. *Esse* (assim parecia) era um recurso contra os governantes cujos interesses eram habitualmente opos-

CAPÍTULO INTRODUTÓRIO

tos aos do povo. O que se precisava agora era que os governantes se identificassem com o povo, que o seu interesse e vontade fossem o interesse e a vontade da nação. A nação não precisaria ser protegida de sua própria vontade. Não havia medo de que ela viesse a abusar de si própria. Que fossem então os governantes de fato responsáveis por ela, prontamente revogáveis por ela, e a eles poderia ser confiado um poder do qual ela mesma poderia impor o modo com que seria usado. O poder deles não era senão o poder da nação, concentrado e numa forma conveniente para o seu exercício. Essa forma de pensar, ou melhor, de perceber, era comum entre a última geração do liberalismo europeu e ainda parece ser predominante na parte continental da Europa. Aqueles que admitem qualquer limite para o que o governo pode fazer, exceto no caso de governos que, segundo eles, não deveriam existir, se destacam como brilhantes exceções entre os pensadores políticos do continente. Um sentimento semelhante poderia nesse momento ter prevalecido em nosso próprio país, se as circunstâncias que por um período o encorajaram tivessem permanecido inalteradas.

Para teorias políticas e filosóficas, tanto quanto para pessoas, o sucesso faz todavia aparecer falhas e fraquezas que o fracasso poderia ter ocultado. A noção de que o povo não precisa limitar o poder que tem sobre si mesmo poderia parecer axiomática se o governo popular fosse apenas algo com que se sonhava a respeito, ou se fosse interpretado como algo que tivesse ocorrido num distante período do passado. Essa noção não foi necessariamente distorcida por aberrações temporárias como a Revolução Francesa, o pior dela tendo sido obra de uns poucos usurpadores e que, em qualquer caso, ocorreu não devido ao trabalho permanente das instituições populares, mas sim devido ao súbito e convulsivo levante contra o despotismo monárquico e aristocrático. Com o tempo, no entanto, a república democrática veio a ocupar uma larga porção da superfície terrestre e fez de si mesma um dos mais poderosos membros da comunidade das nações; o governo eletivo e responsável tornou-se alvo das observações e críticas que tendem a recair sobre acontecimentos de grande valor.[1] Agora se percebe que frases tais como "governo-próprio" e "o poder do povo sobre si mesmo" não expressam o verdadeiro estado das coisas. O "povo" que exerce o poder não é sempre o mesmo que aquele sobre o qual o poder é exercido, e o "governo de si mesmo" de que se fala não é o governo de cada um por si mesmo, mas sim o governo de cada um por todo o resto. Além disso, a vontade do povo significa praticamente a vontade da parte mais numerosa ou da mais ativa do povo; a maioria, ou aqueles que conseguem fazer se passar por ela; o povo, por conseguinte, *pode* desejar oprimir uma parte de sua totalidade, e são necessárias precauções contra isso tanto quanto contra qualquer outro tipo de abuso de poder. Portanto, a limitação do poder do governo sobre os indivíduos não perde nada de sua importância quando os detentores do poder são, de forma regular, responsáveis diante da comunidade, isto é, em relação ao partido mais poderoso desta. Esse ponto de vista, que se recomenda por si mesmo igualmente para a inteligência dos pensadores e para os pendores daquelas importantes classes da sociedade europeia a cujos interesses, reais ou supostos, a democracia é contrária, não teve nenhuma dificuldade em se estabelecer, e nas especulações políticas

---

[1] Mill se refere aos Estados Unidos da América, independentes da Coroa Britânica a partir de 1776. [N.T.]

"a tirania da maioria"[2] é agora geralmente incluída entre os males contra os quais a sociedade precisa estar de sobreaviso.

Como outras tiranias, a da maioria se fez primeiro temida, e ainda geralmente o é, principalmente através dos atos das autoridades públicas. Mas pessoas ponderadas perceberam que, quando a sociedade mesma é o tirano — a sociedade tomada coletivamente, acima dos interesses dos indivíduos separados que a compõem —, seus meios de tiranizar não ficam restritos a atos que podem ser realizados pelas mãos dos funcionários políticos. A sociedade pode executar e efetivamente executa as suas próprias ordens, e se ela emite algumas ordens erradas ao invés de corretas, ou qualquer ordem que seja em assuntos em que ela não deveria se imiscuir, ela pratica uma tirania social muito mais terrível do que outros tipos de opressão política, já que, apesar de não ser seguida de penalidades extremas, ela deixa menos vias de escape, penetrando profundamente nos detalhes da vida e escravizando a alma ela mesma. Portanto, a proteção contra a tirania do magistrado não é suficiente; há necessidade de proteção também contra a tirania das opiniões, contra a tendência da sociedade em impor, por meios diversos que as penas civis, suas próprias ideias e práticas como regras de conduta para aqueles que discordam delas; há necessidade de impedir o desenvolvimento e, se possível, a formação de qualquer individualidade que não esteja em harmonia com os modos da sociedade, e compelir todos a se amoldar no modelo que ela quiser. Há um limite para a interferência legítima da opinião coletiva na independência individual, e descobrir esse limite e protegê-lo contra o seu cerceamento é tão indispensável para a boa

[2] Ver Tocqueville, *De La Démocratie en Amérique*, v. II, p. 142. [N.T.]

condução dos negócios humanos quanto a proteção contra o despotismo político.

Apesar dessa proposição não parecer contestável em termos gerais, a questão prática, onde colocar os limites — como produzir o ajuste adequado entre a independência individual e o controle social —, é um assunto em que tudo permanece por se fazer. Tudo o que faz a existência ter valor para alguém depende da imposição de restrições às ações das outras pessoas. Algumas regras de conduta, portanto, devem ser impostas pela lei em primeiro lugar e depois pela opinião pública nas muitas coisas que não estão sujeitas ao controle legal. Quais devem ser essas regras é a principal questão nos negócios humanos, mas, se excetuarmos um ou outro caso mais óbvio, essa é uma daquelas questões em que se obteve muito pouco progresso no sentido de resolvê-la. Duas épocas, e dificilmente dois países, não a resolveram de forma igual; a decisão de uma época ou país é motivo de assombro para outras épocas e países. No entanto, a população de qualquer era ou país não suspeitou jamais que a sua solução apresentasse qualquer dificuldade, como se esse fosse um assunto sobre o qual a humanidade tivesse sempre permanecido em concordância. As regras que as pessoas produzem entre elas parecem sempre autoevidentes e autojustificadas. Essa ilusão universal é um dos exemplos da influência mágica dos costumes, que não apenas são, como reza o ditado, uma segunda natureza, mas são continuadamente tidos como a primeira. O efeito do costume, ao prevenir qualquer ressalva em relação às regras de conduta que a humanidade impõe sobre as pessoas, é mais completo ainda porque esse é um assunto em que não se espera que as razões sejam dadas, quer de uma pessoa para outra, quer de cada um para si mesmo. As pessoas estão acostumadas a acreditar, e têm sido encorajadas nessa crença por alguns que almejam a posição de filósofos, que em assuntos dessa natureza seus sentimentos são melhores que as razões, tornando assim as razões desnecessárias. O princípio prático que as guia em suas opiniões sobre a regulação da conduta humana é o sentimento, na mente de cada pessoa, de que todo mundo deve ser instado a agir como ela e aquelas pessoas com quem simpatiza gostariam que agisse. De fato, ninguém reconhece para si mesmo que o seu padrão de julgamento é o seu gosto; mas uma opinião sobre um ponto da conduta, não sustentada por razões, pode ser apenas considerada como a preferência de uma pessoa, e mesmo se as razões, quando apresentadas, tiverem um apelo para uma preferência semelhante sentida por outras pessoas, mesmo assim seria apenas a preferência de muitos, ao invés da de um só. Para o homem comum, no entanto, a sua preferência não apenas é uma razão perfeitamente satisfatória, mas é a única que ele possui, geralmente, para quaisquer noções que venha a ter de moralidade, gosto ou decoro, e que não sejam explicitamente expressas no seu credo religioso; e que é também o principal guia mesmo para esse último. A opinião dos homens, correspondentemente, sobre o que é louvável ou criticável é afetada por todas as múltiplas causas que influenciam os seus desejos em relação às condutas dos outros, e que são tão numerosas quanto aquelas que determinam os seus desejos em qualquer outro assunto. Às vezes, suas razões, outras vezes seus preconceitos ou superstições, frequentemente os seus afetos sociais, e muitas vezes os antissociais, as suas invejas e os seus ciúmes, a sua arrogância ou menosprezo, mas, mais comumente, os seus desejos e medos, os seus próprios interesses, legítimos ou ilegítimos. Quando há uma classe ascendente, uma larga porção da moralidade de um país emana dos interesses dessa classe e de seus sentimentos de superioridade. A moralidade entre espartanos e hilotas,[3] entre fazendeiros e negros, entre príncipes e súditos, entre nobres e lacaios, entre homens e mulheres, tem sido, na sua maior parte, a criação desses interesses e sentimentos de classe, e os sentimentos assim gerados reagem, por sua vez, sobre os sentimentos morais dos membros das classes ascendentes, em suas relações externas. Onde, por outro lado, uma classe anteriormente ascendente perdeu a sua ascendência, ou onde essa ascendência é impopular, o sentimento moral prevalente mostra com frequência uma forte faceta de superioridade. Outro grande e determinante princípio das regras de conduta, tanto nos atos quanto nas proibições dos atos, e que foi imposto por lei ou opinião, tem sido o servilismo da humanidade para com as supostas preferências e a aversão por seus mestres temporais ou por seus deuses. Esse servilismo, apesar de ser essencialmente egoísta, não consiste em hipocrisia, ocasionando sentimentos genuínos de desprezo e fazendo os homens queimarem bruxos e heréticos. Entre tantas influências, o óbvio e geral interesse da humanidade tem tido uma participação sem dúvida grande na direção dos sentimentos morais, entretanto, menos por uma questão de razão ou motivos próprios do que em consequência de simpatias e antipatias que nascem daqueles interesses; e simpatias e antipatias que nada ou pouco têm em comum com os interesses da sociedade têm se mostrado com grande força no estabelecimento das moralidades.

Aquilo de que gosta ou não gosta uma sociedade, ou

[3] Servos do estado espartano que não gozavam de direitos políticos. [N.T.]

uma porção poderosa dela, é, portanto, o que, em termos práticos, determina as regras declaradas para o cumprimento geral, sob as penalidades da lei e da opinião. E, em geral, aqueles que têm sido mais avançados que a sociedade em pensamentos e sentimentos, têm em princípio mantido esse estado de coisas imutável, por mais que entrassem em conflito com ela em questões de detalhe. Essas pessoas se ocuparam mais em inquirir se o que agrada e o que desagrada uma sociedade deve ser uma lei para os indivíduos. Elas preferiram tentar alterar os sentimentos da sociedade em questões particulares em que elas próprias são heréticas, ao invés de fazer uma causa comum com os outros heréticos em defesa da liberdade. O único caso em que uma posição superior foi tomada por princípio e mantida com consistência por quase todos, exceto uma ou outra pessoa aqui e ali, é o das crenças religiosas, um caso de muitas maneiras instrutivo, não menos por representar um exemplo da falibilidade do que é chamado de senso moral, pois é o *odium theologicum*, num fanático sincero, uma das causas mais inequívocas do senso moral. Aqueles que primeiro lançaram fora o jugo daquela que chamava a si mesma de Igreja Universal estavam, em geral, tão pouco dispostos a permitir diferenças de opiniões religiosas quanto aquela igreja. Mas quando o pior do conflito já tinha passado, sem que nenhuma das partes obtivesse uma vitória completa, e com cada igreja ou seita tendo, portanto, que limitar suas esperanças e apenas conservar o terreno já conquistado, as minorias, percebendo que não tinham chance de se tornar maiorias, se viram na necessidade de pedir para aqueles a quem não podiam converter que lhes fosse dada uma permissão para serem diferentes. É apropriado que os direitos do indivíduo contra a sociedade tenham sido definidos em amplas bases de princípios tão-somente neste campo de batalha, e que a pretensão da sociedade em exercer autoridade sobre os dissidentes fora abertamente contestada. Os grandes escritores, aos quais o mundo deve a liberdade religiosa que ora possui, declararam a liberdade de consciência como um direito inalienável, e negaram, de forma absoluta, que um ser humano deva dar conta de suas crenças religiosas para os outros. No entanto, tão natural é a intolerância da humanidade naquilo que realmente importa a ela que a liberdade religiosa só foi de fato implementada na maioria dos lugares em que a indiferença religiosa, que não quer ver a sua paz de espírito estremecida por controvérsias religiosas, pôs o seu peso na balança. Na mente da maioria das pessoas religiosas, mesmo nos países mais tolerantes, o dever da tolerância é admitido com ressalvas tácitas. Uma pessoa pode tolerar a dissidência dentro do governo da igreja, mas não em relação aos dogmas, outra pode tolerar a todos, exceto os papistas ou os unitaristas, já outra ainda pode tolerar qualquer um que acredite em uma religião revelada, e umas poucas pessoas estendem sua caridade um pouco mais, mas param na crença em um Deus e na vida futura. Onde quer que o sentimento da maioria seja ainda intenso e genuíno, descobre-se que em pouco se mitigou a sua ânsia em ser obedecida.

Na Inglaterra, devido às circunstâncias peculiares de nossa história, apesar do peso da opinião ser talvez ainda maior, o da lei é mais leve que na maioria dos países da Europa, e há considerável repúdio à interferência direta do poder legislativo ou executivo na conduta privada, não tanto por alguma justa preocupação com a independência do indivíduo, mas sim devido ao ainda existente hábito de ver o governo como representante de um interesse oposto ao da população. A maioria ainda não aprendeu a sentir o governo como o seu poder, e a opinião deste como a sua. Há ainda uma grande quantidade de sentimentos prontos para serem postos em ação contra qualquer tentativa da lei de controlar os indivíduos em assuntos nos quais estes não estão acostumados a ser controlados, e há pouca discriminação a respeito de que assunto pode estar ou não dentro da esfera legítima do controle legal, o que quer dizer que esse sentimento, por mais salutar que seja no geral, talvez seja mais mal colocado do que bem fundado nas instâncias particulares de sua aplicação. De fato, não há nenhum princípio reconhecido pelo qual a impropriedade ou não de uma interferência comumente seja testada. As pessoas decidem de acordo com suas preferências pessoais. Algumas, vendo um bem que pode ser realizado ou um mal a ser remediado, poderiam ser instadas favoravelmente à ação governamental, enquanto outras preferem suportar qualquer quantidade de mal social ao invés de adicionar um departamento de interesses humanos a mais ao poder governamental. E diante de um caso particular, os homens se colocam de um lado ou do outro, de acordo com a direção geral dos sentimentos ou ainda de acordo com o grau de interesse que eles sintam sobre a coisa particular que é proposta para a ação governamental, ou ainda de acordo com a crença que tenham sobre se o governo fará ou não algo da maneira que eles preferem, mas muito raramente em relação a alguma opinião à qual eles aderem com consistência, sobre as coisas adequadas que devem ser praticadas por um governo. Para mim, parece que devido a essa ausência de uma regra ou princípio, na atualidade um lado está tão frequentemente em erro quanto o outro; a interferência do governo é com igual frequência impropriamente invocada e impropriamente condenada.

O objetivo deste ensaio é afirmar um princípio básico muito simples, o modo correto para ordenar de forma absoluta as relações da sociedade para com o indivíduo, seja por meio da compulsão e controle, seja por meios de força física na forma de sanções penais, seja ainda pela coerção moral da opinião pública. Esse princípio diz que o único objetivo pelo qual a humanidade pode, de forma individual ou coletiva, interferir com a liberdade de ação de qualquer de seus membros, é a proteção dela própria. E que o único propósito pelo qual o poder pode ser constantemente exercido sobre qualquer membro de uma comunidade, contra a vontade deste, é o de prevenir danos para os outros membros. O próprio bem dele, seja físico ou moral, não é causa suficiente. Ele não pode ser compelido a fazer ou a deixar de fazer algo porque isso seria melhor para ele, ou porque iria fazê-lo mais feliz ou porque, na opinião dos outros, isso seria o melhor ou mesmo o correto. Pode haver boas razões para criticá-lo, para conversar com ele, para tentar persuadi-lo ou para discutir com ele, mas não para obrigá-lo ou causar-lhe algum mal se ele fizer diferente. Para justificar uma intervenção, a conduta que se deseja impedir da parte dele deve ameaçar outra pessoa. A única parte da conduta de qualquer pessoa, pela qual ela é responsável perante a sociedade, é aquela que diz respeito às outras pessoas. Naquela parte que só diz respeito a si mesma, a independência de cada pessoa é, por direito, absoluta. Sobre si mesmo, sobre seus próprios corpo e mente, o indivíduo é soberano.

Talvez seja necessário afirmar que esta doutrina deve ser aplicada somente em seres humanos que estejam na maturidade de suas faculdades. Não nos referimos às crianças ou aos jovens abaixo da idade que a lei pode fixar como a maioridade. Aqueles que ainda estão em uma situação na qual necessitam que outras pessoas tomem conta deles devem ser protegidos, tanto de suas próprias ações como de danos externos. Pela mesma razão, podemos deixar fora de consideração aqueles estágios atrasados da sociedade nos quais a própria raça pode ser considerada como menor de idade. As dificuldades iniciais no caminho do progresso espontâneo são tão enormes que dificilmente há alguma possibilidade de escolher os meios para superá-las; a um líder cheio de determinação e desejoso de melhorar as coisas é permissível o uso de qualquer meio que leve a esse fim, que de outra forma talvez seja inalcançável. O despotismo é um modo legítimo de governo quando se lida com bárbaros, desde que o objetivo seja a melhoria destes, e os meios justificados para a obtenção de fato daquele objetivo. A liberdade, como um princípio, não tem nenhuma aplicação em um estado de coisas anterior ao tempo em que a humanidade se tornou capaz de se aperfeiçoar através de uma discussão livre e igualitária. Até que esse momento chegue, nada resta para as pessoas exceto a obediência a um Akbar ou a um Carlos Magno, se elas tiverem sorte bastante para encontrar um desses. Mas tão logo a humanidade tenha alcançado a capacidade de ser guiada, no seu caminho para o progresso, pela convicção ou pela persuasão (um período há muito alcançado pelas nações que aqui nos interessam), a coação, seja na forma direta ou na de sofrimentos e punições pela não obediência, deixa de ser admissível como um meio para o próprio bem da humanidade, sendo apenas justificável para a segurança das pessoas.

A propósito, rejeito qualquer vantagem que poderia

ser derivada para o meu argumento da ideia de direitos abstratos como algo independente da utilidade. Vejo a utilidade como o tribunal final em todas as questões éticas, mas ela deve ser utilidade em seu sentido mais amplo, firmada nos interesses do homem enquanto um ser que progride. Esses interesses, afirmo, autorizam a sujeição da espontaneidade individual ao controle externo somente em relação às ações de cada pessoa que concernem aos interesses dos outros. Se alguém comete um ato danoso a outra pessoa, há um caso *prima facie* para puni-lo, pela lei ou, quando as penalidades legais não possam ser seguramente aplicadas, pela desaprovação geral. Também há muitos atos positivos que beneficiam os outros e que podem ser impostos a alguém, tais como ser testemunha numa corte de justiça, assumir a sua parte na defesa comum, ou em qualquer trabalho em comum que seja necessário para o interesse da sociedade da qual ele aproveite a proteção; também para realizar certos atos de benemerência individual, tais como salvar a vida de um semelhante ou interferir para proteger os indefesos de serem maltratados, coisas nas quais é óbvio o dever de um homem praticá-las, e pelas quais ele pode ser corretamente responsabilizado pela sociedade por não tê-las cumprido. Uma pessoa pode causar danos aos outros não só pelas suas ações, mas também pela sua inação, e em ambos os casos ela é responsável pelos danos ocorridos. O segundo caso, é bem verdade, exige um tipo mais cauteloso de exercício de correção que o primeiro. Tornar qualquer um responsável pelos danos que possa vir a causar aos outros é a regra, torná-lo responsável por não prevenir o mal é, comparativamente falando, a exceção. No entanto, há vários casos claros e sérios o suficiente para justificar essa exceção. Em todos os casos nos quais há uma relação com os contatos externos do indivíduo, ele *é de jure* responsável diante daquelas pessoas cujos interesses estão relacionados com os dele e, se preciso, diante da sociedade, como protetora que é dos interesses das outras pessoas. Quase sempre há muitas boas razões para não lhe entregar essa responsabilidade, mas essas razões devem surgir das circunstâncias específicas de um caso, quer por que a pessoa seja, de modo geral, inclinada a agir melhor quando deixada por sua própria conta do que quando controlada por quaisquer meios que a sociedade disponha para isso, seja por que a tentativa de exercer esse controle faça surgir outros males, piores do que aqueles que se quer prevenir. Quando tais razões aconselham a não imposição da responsabilidade, a própria consciência do agente deve ocupar o lugar na cadeira vazia do juiz, julgando a si mesma ainda mais duramente, porque o caso em questão não admite que ela seja responsabilizada pelo julgamento de seus pares.

Mas há uma esfera de ação na qual a sociedade, distinta do indivíduo, tem apenas um interesse indireto, se de fato tiver algum, e que compreende toda a porção da vida de uma pessoa e que afeta a ela mesma somente, e que se afeta a outras pessoas, o faz somente através da livre, voluntária e consciente participação delas. Quando digo a ela somente, quero dizer diretamente e em primeira instância: o que quer que o afete, pode afetar aos outros através dele próprio; a objeção que pode ser estabelecida nessa contingência receberá atenção mais adiante. E este é portanto o lugar apropriado da liberdade humana. Primeiro, ela compreende o domínio inteiro da consciência demandando liberdade de consciência, no sentido mais amplo, liberdade de pensamento e de sentimento, liberdade absoluta de opinião em todos os assuntos, práticos ou especulativos, científicos, morais ou teológicos. A liberdade de expressar e publicar opiniões públicas parece fundar-se em um princípio diferente, já que pertence àquela parte da conduta do indivíduo que concerne a outras pessoas, mas, sendo quase tão importante quanto a liberdade de pensamento propriamente dita e se baseando em grande parte sobre as mesmas razões, é praticamente inseparável desta. Em segundo lugar, o princípio requer liberdade de gosto e de inclinações, em podermos montar o nosso plano de vida de acordo com nossos próprios caracteres, em fazer como quisermos, sujeitos a consequências que poderão se seguir, sem impedimentos de nossos pares, enquanto não lhes causarmos danos, mesmo que eles achem nossa conduta imbecil, pervertida ou errônea. Terceiro, desta liberdade de cada indivíduo advém a liberdade, dentro dos mesmos limites, da combinação entre indivíduos; a liberdade da união, para qualquer propósito que não envolva danos aos outros; as pessoas envolvidas sendo supostamente maiores de idade e não forçadas ou enganadas.

Nenhuma sociedade na qual essas liberdades não sejam, no seu todo, respeitadas, é livre, qualquer que seja a sua forma de governo, e nenhuma na qual essas liberdades não existam de forma absoluta e sem qualificações é completamente livre. A única liberdade que merece esse nome é a de perseguir o nosso próprio bem de nossa própria maneira, isso enquanto não tentarmos privar os outros da sua liberdade, ou obstruirmos seus esforços para obtê-la. Cada um é o guardião de sua própria saúde, seja ela física, mental ou espiritual. A humanidade é a grande vencedora ao permitir que cada um viva como lhe pareça melhor, mais do que o seria se coagisse cada pessoa a viver de acordo com o que parecesse melhor para o resto das pessoas.

Embora essa doutrina não seja de forma nenhuma uma novidade e, para certas pessoas, constitua um truísmo, não há doutrina mais oposta à tendência das práticas e opiniões atuais. A sociedade tem despendido muitos esforços na tentativa de, de acordo com as suas luzes, fazer com que as pessoas conformem as suas noções de excelência pessoal e social. As comunidades antigas pensavam a si mesmas como capazes de regular toda e qualquer parte da conduta privada a partir da autoridade pública, com o que os filósofos antigos concordavam, sob a alegação de que o Estado tem um profundo interesse na disciplina mental e física de cada um de seus cidadãos, um modo de pensar que pode ter sido admissível em pequenas repúblicas cercadas por inimigos poderosos, e que viviam sob a constante ameaça de serem subvertidas por um ataque estrangeiro ou por problemas internos e para as quais um pequeno período de descanso, em termos de energia e comando, poder-se-ia mostrar facilmente fatal, de tal forma que elas não podiam se dar ao luxo de esperar pelos saudáveis e permanentes efeitos da liberdade. No mundo moderno, o tamanho maior das comunidades políticas e, acima de tudo, a separação entre o poder espiritual e o temporal (que colocou a direção da consciência dos homens em mãos diferentes daquelas que controlavam os seus negócios mundanos), preveniu uma maior interferência da lei nos detalhes da vida privada; mas os mecanismos da repressão moral têm atuado com mais rigor contra a divergência em relação à opinião reinante do que mesmo aos assuntos sociais; a religião, o mais poderoso dos elementos que entraram na formas do sentimento moral, tendo sido quase sempre governada ou pela ambição de uma hierarquia que procurava controlar qualquer âmbito da conduta humana ou pelo espírito do puritanismo. E alguns dos reformadores modernos que se colocaram em franca oposição às religiões do passado têm estado atualmente ao lado de igrejas ou seitas na sua asserção do direito à dominação espiritual. O senhor Comte,[4] em particular, cujo sistema social, tal como delineado em seu *Système de Politique Positive*, almeja estabelecer (através da moral mais do que por dispositivos legais) um despotismo da sociedade sobre o indivíduo que ultrapassa qualquer coisa contemplada no ideal político dos mais rígidos disciplinadores dentre os filósofos antigos.

Além das inclinações particulares de pensadores individuais, também há em geral no mundo uma inclinação crescente para ampliar indevidamente os poderes da sociedade sobre os indivíduos, tanto pela força da opinião quanto pela da legislação. E como a tendência de todas as mudanças que estão acontecendo no mundo é a de fortalecer a sociedade e diminuir o poder dos indivíduos, esse cerceamento não é um daqueles males que tendem a desaparecer espontaneamente, mas, ao contrário, a crescer mais e mais. A disposição da humanidade, seja em relação aos governantes ou em relação aos cidadãos, em supor sua própria opinião e inclinação como sendo regras de conduta para os outros, é aprovada de forma enérgica pelos melhores — e piores — sentimentos aos quais está sujeita a espécie humana, que dificilmente é posta sob restrições por outra coisa que não seja a falta de poder; e

[4] Isidore Auguste Marie François Xavier Comte, 1798—1857, filósofo francês, fundador e principal representante do Positivismo. O *Sistema de política positiva* foi publicado em quatro volumes de 1851 a 1854. [N.E.]

como o poder não está declinando, mas sim aumentando, a menos que uma forte barreira de convicção moral possa ser erguida contra esse mal, podemos esperar, nas presentes circunstâncias do mundo, que ele cresça ainda mais.

Seria conveniente para este argumento se, ao invés de entrar de uma vez por todas na sua tese geral, nos limitássemos num primeiro momento a um único ramo dela, no qual o princípio aqui colocado é reconhecido pela opinião corrente, se não completamente, pelo menos até certo ponto. Este ramo é o da Liberdade de Pensamento, que é impossível de separar da liberdade cognata de falar e de escrever. Apesar dessas liberdades, na sua maioria, fazerem parte da moralidade política de todos os países que professam a tolerância religiosa e instituições livres, os fundamentos tanto filosóficos quanto práticos nos quais elas se assentam talvez não sejam tão familiares para a mente comum e não sejam completamente entendidos por muitos dos líderes da opinião, como se poderia esperar. Esses fundamentos, quando entendidos corretamente, possuem uma aplicação muito maior do que a de uma parcela do assunto, e uma cuidadosa consideração do assunto será aceita como a melhor introdução para o resto. Aqueles para os quais não é novo nada do que estou prestes a dizer, irão, assim espero, me desculpar, se em um assunto que por mais de três séculos tem sido amiúde discutido ouso inaugurar mais uma discussão.

SOBRE A LIBERDADE DE PENSAMENTO E DISCUSSÃO

Já passou o tempo, assim se espera, em que seria necessária uma defesa da liberdade de imprensa como uma das salvaguardas contra um governo corrupto ou tirânico. Nenhum argumento, podemos assim supor, seria preciso agora contra a permissão de que um poder legislativo ou executivo, não identificado em seus interesses com os do povo, possa prescrever opiniões e determinar quais doutrinas ou quais argumentos ele pode ouvir. Além disso, esse aspecto da questão tem sido tão frequentemente defendido, e de forma tão triunfal por escritores anteriores, que não há necessidade de se insistir em especial neste ponto. Apesar da lei da Inglaterra, em relação à imprensa, ser hoje em dia tão servil quanto era no tempo dos Tudors, não há muito perigo de ser posta em prática contra as discussões políticas, exceto durante algum pânico temporário, quando o medo da insurreição tira dos ministros e juízes a compostura[1] — falando de forma geral, não se

---

[1] Mal essas palavras foram escritas quando, como que para contradizê-las frontalmente, aconteceu a Perseguição Governamental da Imprensa de 1858. Essa interferência fora de propósito na liberdade de discussão pública não me fez, no entanto, alterar uma única palavra do texto, e não enfraqueceu as minhas convicções de que, exceto em momentos de pânico, a época dos sofrimentos e punições relacionadas às discussões políticas já passou neste país. Pois, em primeiro lugar, os processos não foram continuados e, em segundo, nunca ocorreram propriamente como perseguições políticas. A acusação não foi a de criticar instituições ou os atos e as pessoas dos governantes, mas sim a de fazer circular o que foi tido como uma doutrina imoral, a da legalidade do tiranicídio.

deve temer, em países constitucionais, que o governo, seja ele inteiramente de confiança para o povo ou não, tente com frequência controlar a expressão da opinião, já que fazendo isso ele se tornaria o alvo da intolerância geral do público. Suponhamos, por exemplo, que o governo esteja com o povo, e que jamais pense em exercer qualquer poder coercitivo exceto em concordância com o que pensa ser a voz do povo. Mas nego o direito do povo de exercer tal coerção, seja por ele mesmo, seja através do governo. O poder em si mesmo é ilegítimo. O melhor governo tem tanto direito a ele quanto o pior. Esse poder é ruim, e ainda pior quando exercido de acordo com a opinião pública do que contrariamente a esta. Se toda a humanidade, exceto uma pessoa, tivesse uma opinião, e essa pessoa tivesse uma opinião contrária, a humanidade não teria mais justificativas para silenciá-la do que ela para silenciar a humanidade. Fosse uma opinião apenas um objeto pessoal, sem nenhum valor exceto para o seu proprietário, e se o impedimento do usufruto dela fosse apenas um dano privado, então poderia fazer alguma diferença se

Se os argumentos do presente capítulo possuem qualquer valor, deve existir a mais total liberdade de professar e discutir, como tema de convicção ética, qualquer doutrina, não importando o quanto ela seja considerada imoral. Portanto, seria irrelevante e deslocado examinar se a doutrina do tiranicídio merece o título de imoral. Eu me contento em dizer que o assunto tem sido, em todas as épocas, uma questão moral aberta; que o ato de um cidadão privado ao derrubar um criminoso que, ao se elevar acima da lei, colocou-se além do alcance de punições ou controle legais, foi considerado por muitas nações, e por alguns dos melhores e mais sábios dos homens, não como um crime, mas sim um ato da mais exaltada virtude e que, certo ou errado, não está na natureza do assassinato, mas sim da guerra civil. Como tal, eu sustento que a instigação para esse ato, num caso específico, pode ser objeto de uma justa punição, mas somente se um ato aberto se segue, e que ao menos se tenha estabelecido uma conexão provável entre o ato e a instigação. E mesmo então, não um governo estrangeiro, mas apenas o governo que foi atacado pode, num gesto de autodefesa, legitimamente punir ataques diretos contra a sua própria existência. [N.A.]

esse dano atingisse apenas algumas pessoas ou muitas. Mas o prejuízo característico de silenciar a expressão de uma opinião reside no fato de que isto é roubar a raça humana, tanto a posteridade quanto a geração atual, tanto aqueles que discordam da opinião quanto aqueles que a sustentam, e esses ainda mais que os primeiros. Pois, se a opinião está certa, eles são privados da oportunidade de trocar o erro pela verdade e, se ela está errada, eles perdem a percepção mais clara e vívida da verdade, produzida pela colisão desta com o erro, um benefício tão grande quanto o primeiro.

É necessário considerar separadamente essas duas hipóteses, pois o argumento correspondente a cada uma delas segue um caminho diferente. Nunca podemos saber se a opinião que queremos silenciar é falsa, e se ela for falsa, ainda assim silenciá-la seria um mal.

Primeiro: a opinião que se tenta suprimir pela autoridade pode possivelmente ser verdadeira. Aqueles que desejam suprimi-la negam obviamente a sua validade, mas não são infalíveis. Eles não possuem autoridade para decidir a questão pela humanidade inteira e para excluir todas as pessoas da possibilidade de julgá-la. Recusar-se a ouvir uma opinião, por se estar certo de sua falsidade, é assumir que a sua certeza é o mesmo que uma certeza absoluta. Todo silenciar da discussão é uma presunção de infalibilidade. A sua condenação, portanto, pode se fazer por este argumento comum, que não é mais fraco por ser comum.

Infelizmente para o bom senso da humanidade, a constatação de sua falibilidade está longe de ter peso para o seu julgamento prático, que na teoria sempre atenta para ela, pois enquanto cada um sabe bem que é falível, poucos pensam que seja necessário tomar alguma preocupação contra sua própria falibilidade, ou admitir que uma opinião, que sentem estar certa, pode ser um dos exemplos de erro ao qual eles reconhecem estar propensos. Príncipes absolutistas, ou outros que estejam acostumados a uma deferência sem limites, geralmente sentem uma completa confiança em suas opiniões sobre quase todos os assuntos. Pessoas que têm uma situação mais feliz, que de vez em quando têm suas opiniões contestadas, e que não são completamente desacostumadas a serem corrigidas quando em erro, colocam a mesma confiança sem limites apenas naquelas opiniões compartilhadas por todos que as rodeiam ou para aquelas com as quais habitualmente concordam: pois, em proporção à falta de confiança que um homem tem no seu julgamento solitário, ele se apoia, com confiança implícita, na infalibilidade do "mundo" em geral. E o mundo, para cada indivíduo, significa a parte do mundo com que ele entra em contato, o seu partido, a sua seita, a sua igreja, a sua classe na sociedade: um homem pode ser chamado comparativamente de quase liberal e de mente aberta, se o mundo para ele significar algo tão amplo como o seu país ou a sua época. Nem sequer a sua fé nessa autoridade coletiva é abalada pela consciência de que outras épocas, outros países, seitas, igrejas, classes e partidos pensaram e mesmo continuam a pensar exatamente o oposto que ele pensa. Ele devolve ao seu mundo a responsabilidade de estar certo contra os mundos dissidentes das outras pessoas, e nunca lhe causa problemas que apenas um mero acidente decidiu qual dentre esses numerosos mundos é o objeto de sua confiança. E que as mesmas causas que o fazem ser um adepto da Igreja Anglicana em Londres poderiam tê-lo tornado um budista ou um confucionista em Pequim. No entanto, é evidente em si mesmo, e qualquer argumentação pode esclarecer isso, que as épocas não são mais infalíveis que os indivíduos, e que cada época sustentou opiniões que outras épocas tomaram não só como sendo falsas, mas absurdas, e que é certo que muitas opiniões, agora comuns, serão rejeitadas em épocas futuras, assim como outras, uma vez comuns, foram rejeitadas pela época presente.

A objeção mais esperada a esse argumento provavelmente tomaria a seguinte forma: Não há uma presunção maior de infalibilidade ao se proibir a propagação do erro do que em todas as outras coisas que são feitas pela autoridade pública seguindo seus próprios juízos e responsabilidades. O juízo é dado aos homens para que estes possam utilizá-lo. Porque é possível que seja utilizado erradamente, deve-se dizer que não deve ser utilizado de nenhuma maneira? Proibir o que se pensa ser pernicioso não é afirmar que se está livre de erros, mas sim cumprir um dever que as pessoas têm, mesmos sendo falíveis, isto é, o de agir de acordo com a sua convicção consciente. Se nunca fossemos agir baseados em nossas opiniões, porque essas poderiam estar erradas, deixaríamos de tomar conta do que nos interessa e nenhum de nossos deveres seria cumprido. Uma objeção que se aplica a todas as condutas não pode ser uma objeção válida a qualquer conduta em particular. É dever do governo e dos indivíduos formar, de modo cuidadoso, a opinião mais verdadeira que possam e nunca impô-las aos outros, a menos que tenham certeza de estarem com a razão. Mas, se estiverem certos, não é consciência mas covardia se abster de agir de acordo com as suas opiniões e permitir que doutrinas que eles honestamente pensam ser perigosas para o bem da humanidade, quer nesta vida quer na outra, sejam divulgadas sem nenhuma restrição, tudo porque outras pessoas, em tempos menos iluminados, perseguiram opiniões que agora se acredita serem verdadeiras. Vamos tomar cuidado para não cometer os mesmos erros, pode-se dizer assim, mas governos e nações têm cometidos erros em coisas de que não se pode negar que sejam assuntos próprios ao exercício da autoridade: foram lançados impostos ruins, provocadas guerras injustas. Será que devemos então não lançar imposto nenhum e, não importando a provocação, nunca travar uma guerra? Não há nada parecido como a certeza absoluta, mas há segurança suficiente para os propósitos da vida humana. Podemos e devemos assumir que a nossa opinião seja verdadeira, com o fito de guiar a nossa conduta; não se assume mais que isso quando se proíbe homens ímprobos de perverter a sociedade com a propagação de opiniões que percebemos como falsas e perniciosas.

Respondo que se está assumindo aqui muito mais. Há uma grande diferença entre presumir que uma opinião é verdadeira por quê, tendo sido dadas todas as oportunidades de se demonstrar que ela é falsa, tal não ocorreu, e assumir que ela é verdadeira com o propósito de não permitir que seja refutada. A completa liberdade de contradizer e refutar nossa opinião é a condição que nos justifica a assumir que nossa opinião seja verdadeira para finalidades de ação; em nenhum outro termo um ser com faculdades humanas pode ter outra garantia de estar certo.

Quando consideramos ou a história da opinião ou a conduta ordinária da vida humana, a que se deve que nem uma nem outra sejam piores do que são? Certamente não à força inerente do entendimento humano, já que, em um assunto que não for autoevidente, haverá sempre 99 pessoas que serão incapazes de julgá-lo para cada uma que será capaz; a capacidade da centésima pessoa é apenas comparativa, pois a maioria dos homens eminentes de cada geração já sustentou muitas opiniões que hoje sabemos errôneas, e fizeram, ou concordaram com que se fizesse, muitas coisas que ninguém hoje aprovaria. Como é que há então uma predominância de opiniões e condutas racionais na humanidade? Se realmente existir essa predominância — e ela deve existir a menos que os assuntos humanos estejam, e sempre tenham estado, num estado quase desesperador —, ela se deve a uma qualidade da mente humana, a fonte de tudo que é respeitável no homem como um ser intelectual e moral, a saber, que os erros são corrigíveis. O homem é capaz de retificar seus enganos através da discussão e da experiência. Não apenas pela experiência. Devem acontecer discussões para que se mostre como a experiência deve ser interpretada. Opiniões e práticas errôneas cedem gradualmente diante do fato e do argumento: mas, para que produzam qualquer efeito na mente, os fatos e os argumentos devem ser trazidos e postos diante dela. Poucos fatos são capazes de contar a sua própria história, sem comentários que façam aparecer o seu significado. A força e o valor, portanto, do julgamento humano depende desta única propriedade, a de que possa ser corrigido quando estiver errado; a confiança pode ser posta nela quando os meios de correção são deixados constantemente à mão. No caso de uma pessoa cujo julgamento é confiável, como se chegou a isso? Porque ela manteve sua mente aberta para críticas às suas opiniões e conduta. Porque tem sido seu costume o de ouvir tudo o que pode ser dito contra ela, o de lucrar com o que nessas críticas foi justo, e o de expor para si mesma e, dependendo do momento, para outras pessoas, a falácia do que era falacioso. Porque ela sentiu que o único caminho pelo qual um ser humano pode chegar próximo de saber tudo sobre um assunto é ouvir o que pessoas de cada variedade de opinião podem falar sobre ele e estudar todos os modos pelos quais um assunto pode ser visto por todos os tipos de mente. Nenhum homem sábio jamais adquiriu sua sabedoria de outro modo senão deste, nem está na natureza do intelecto humano se tornar sábio por alguma outra maneira. O hábito frequente de corrigir e completar a sua própria opinião comparando-a com as de outras pessoas, longe de causar dúvidas e hesitações quando se trata de pô-la em prática, é o único fundamento estável para se ter uma justa confiança nessa opinião porque, tendo conhecimento de tudo o que pode ser dito, ao menos de uma forma óbvia contra ela, e tendo tomado posição contra todos os opositores — sabendo que procurou as objeções e dificuldades, ao invés de evitá-las, e que não deixou de tentar fazer brilhar sobre o assunto qualquer luz que pudesse, seja de onde ela viesse —, o homem tem o direito de pensar que o seu julgamento é melhor que o de qualquer outra pessoa que não passou por um processo semelhante.

Seria demais esperar que aquilo que os sábios da humanidade, aqueles que são os mais capazes de confiar no seu próprio julgamento, acham necessário para fundamentar a sua confiança nele, fosse submetido à coleção compósita de alguns poucos sábios e muitos tolos, chamada de público? A mais intolerante das igrejas, a Igreja Católica, mesmo para canonizar um santo, admite e ouve pacientemente ao "advogado do diabo". Ao mais santo dos homens, assim parece, não podem ser admitidas honras póstumas, até que aquilo que o diabo tenha a dizer sobre ele seja ouvido e considerado. Se a filosofia newtoniana não pudesse ser questionada, a humanidade não poderia sentir a completa segurança que sente agora sobre a sua veracidade. As crenças que hoje pensamos serem as mais sólidas não possuem outra salvaguarda na qual se apoiar, exceto o permanente convite para que o mundo todo venha e as provem infundadas. Se o desafio não é aceito ou, se aceito, as tentativas fracassaram, então estaremos ainda muito longe da certeza absoluta, mas teremos feito o melhor que o atual estado da razão humana permite, isto é, não teremos negligenciado nada que pudesse dar à verdade uma possibilidade de nos alcançar: se as listas forem mantidas abertas, podemos ter esperança de que uma verdade mais completa exista, que será encontrada quando a mente humana for capaz de recebê-la. Enquanto isso podemos estar cônscios de que chegamos tão perto da verdade quanto é possível nos nossos dias. Essa é a quantidade de certeza alcançável por um ser falível, e o único meio de consegui-la.

É de fato estranho que os homens possam admitir a validade do argumento para a discussão livre mas objetem que esta seja levada ao limite, não percebendo que a menos que as razões sejam boas para um caso extremo, elas não serão boas para caso nenhum. Estranho que eles possam imaginar que não estejam assumindo uma posição de infalibilidade quando reconhecem que deve haver discussão livre em todos os assuntos duvidosos, mas pensem que algum princípio particular ou doutrina tenha a sua discussão proibida porque sabem com certeza que ela é correta. Chamar qualquer proposição de correta, enquanto há alguém que a negaria se pudesse, mas de fato não pode, é assumir que nós e aqueles que concordam conosco somos os juízes da certeza, sem mesmo ouvir o outro lado.

Na época presente — que foi descrita como "destituída de fé, mas temerosa do ceticismo" — e em que as pessoas sentem não que suas opiniões são verdadeiras, e sim que não saberiam o que fazer sem elas —, os protestos de uma opinião que queira ser protegida de ataques públicos não se baseiam tanto na sua veracidade, porém na sua importância para a sociedade. Alega-se que certas crenças são tão úteis, para não dizer indispensáveis ao bem-estar, que não apenas é dever dos governos sustentar essas crenças como também proteger quaisquer outros interesses da sociedade. Em caso de tal necessidade e estando isso entre as suas obrigações, algo menor que a infalibilidade pode, assim se afirma, permitir e mesmo obrigar os governos a agir segundo as suas próprias opiniões, confirmadas pela opinião geral da humanidade. Também é arguido com frequência, e mais frequentemente ainda pensado, que ninguém além de homens maus poderia desejar enfraquecer essas saudáveis crenças; que não pode haver nada de errado em se reprimir homens maus e proibir o que apenas eles desejariam praticar. Esse modo de pensar transforma a justificação da restrição a discussões não em uma questão sobre a verdade das doutrinas, mas sobre a sua utilidade; e exalta a si mesma por esse meio de escapar da responsabilidade de afirmar ser um juiz infalível de opiniões. Mas aqueles que se satisfazem desta maneira não percebem que a presunção de infalibilidade foi apenas mudada de um ponto para outro. A utilidade de uma opinião é em si mesma uma questão de opinião: tão contestável, tão aberta à discussão e requerendo a mesma discussão que a própria opinião. Existe a mesma necessidade de um infalível juiz de opiniões para decidir se uma opinião é prejudicial como para decidir se ela é falsa, a menos que a opinião condenada tenha tido todas as oportunidades de se defender. E não adianta dizer que aos heréticos pode ser permitido manter a utilidade ou a inofensividade de suas opiniões, apesar de proibidos de manter que elas são verdadeiras. A verdade de uma opinião é parte de sua utilidade. Se não pudermos saber se é desejável ou não que uma proposição deva ser acreditada, é possível excluir a consideração sobre se ela é verdadeira ou não? Na opinião não dos piores homens, mas dos melhores, nenhuma crença que seja contrária à verdade pode ser realmente útil: e pode você impedir esses homens de usar este argumento quando acusados de renegar alguma doutrina que lhes afirmam ser útil, mas que eles acreditam ser falsa? Aqueles que ficam ao lado das opiniões recebidas nunca deixam de se valer de toda a vantagem possível dessa argumentação, não se os encontra tratando da questão da utilidade como se ela pudesse ser abstraída completamente da questão da verdade: pelo contrário, justamente pelo fato de a sua doutrina ser "a verdade" é que o conhecimento ou a crença sobre ela é considerada indispensável. Não pode ocorrer uma discussão justa sobre a questão da utilidade, quando um argumento tão vital pode ser empregado por uns dos lados mas não pelo outro. E, na verdade, quando a lei ou os sentimentos públicos não permitem que a verdade de uma opinião seja disputada, eles são também pouco tolerantes a respeito de sua utilidade. O máximo que permitem é uma diminuição da sua necessidade absoluta, ou da positiva responsabilidade da sua rejeição.

Para ilustrar de forma mais ampla o dano que causa a negação de se ouvir opiniões por que nós, pelas nossas próprias luzes, as condenamos, será aconselhável que restrinjamos a discussão a um caso concreto, e eu escolhi, por preferência, os casos que me são menos favoráveis — aqueles nos quais o argumento contra a liberdade de opinião, tanto no que diz respeito à verdade quanto à utilidade, é considerado o mais forte. Que as opiniões a serem impugnadas sejam as crenças em um Deus e num estado futuro ou qualquer das doutrinas herdadas de moralidade. Travar uma batalha neste terreno dará uma grande vantagem para um adversário desonesto; uma vez que ele certamente dirá (e muitos que não têm o menor desejo de serem incorretos irão dizê-lo para si mesmos): são essas as doutrinas que você afirma não serem suficientemente certas para serem tomadas sob a proteção da lei? A crença em um Deus, sentir-se seguro dela, é uma das opiniões que você sustenta ser uma amostra de infalibilidade? Mas me deve ser permitido observar que não é o sentir-se seguro de uma doutrina (seja esta qual for) que eu chamo de presunção de infalibilidade. É esforçar-se para resolver essa questão pelos *outros*, sem deixá-los ouvir o que pode ser dito pelo lado contrário. Eu denunciaria e reprovaria essa pretensão da mesma forma, se ela fosse posicionada ao lado de minhas mais solenes convicções. Não importando o quão positiva a persuasão de alguém possa ser, não somente em falsidade mas em consequências perniciosas — não somente em consequências perniciosas, mas (para adotar expressões que eu condeno fortemente) também em imoralidade e impiedade de uma opinião, ainda assim se, seguindo o seu julgamento privado e, apesar de apoiado pela opinião pública de seu país ou de seus contemporâneos, esse alguém impede que uma opinião seja defendida, então ele assume a própria infalibilidade. E longe de tal presunção ser menos contestável ou menos perigosa por ser a opinião considerada imoral ou ímpia; é nesses casos que essa presunção é a mais fatal. São exatamente essas as ocasiões em que os homens de uma determinada geração cometem aqueles enganos horrorosos que causam o espanto e o horror da posteridade. Desses horrores encontramos memoráveis exemplos na história, quando o braço da lei foi empregado para extirpar os melhores homens e as mais nobres doutrinas, com deplorável sucesso no que se refere aos homens, apesar de algumas das doutrinas terem sobrevivido para serem (como se por ironia) invocadas na defesa de conduta semelhante para com aqueles que discordavam *delas*, ou de duas interpretações ortodoxas.

Nunca é demais para a humanidade ser relembrada de que houve uma vez um homem chamado Sócrates, e que entre ele e as autoridades legais e a opinião pública de sua época ocorreu um choque memorável. Nascido numa época e num lugar plenos de grandezas individuais, este homem foi reconhecido, por aqueles que melhor o conheciam bem como a seu tempo, como o mais virtuoso dos homens de então, enquanto nós o conhecemos como o líder e protótipo dos professores de virtude posteriores, a fonte tanto da etérea inspiração de Platão quanto do judicioso utilitarismo de Aristóteles, "*i maestri di color che sanno*",[2] as duas fontes principais da ética e de toda a filosofia. Esse mestre reconhecido de todos os pensadores eminentes que viveram desde então — cuja fama, que cresce ainda depois de mais de dois mil anos, excedeu a de todos os que fazem o nome de sua cidade natal tão ilustre —, foi executado pelos seus concidadãos depois de ser judicialmente condenado por impiedade e imoralidade. Impiedade, por negar os deuses reconhecidos pelo Estado; de fato, seu acusador alegava (ver a *Apologia*)[3] que Sócrates não acreditava em nenhum deus. Imorali-

---

[2] Dante, *Inferno*, Canto IV, verso 1131. [N.T.]
[3] *Apologia de Sócrates*, de Platão. [N.T.]

dade, por suas doutrinas e instruções, por ser um "corruptor da juventude". Destas acusações, pelo que se pode saber, o tribunal honestamente o declarou culpado, e condenou a ser executado como um criminoso o homem que, dentre todos que então viviam, merecia o melhor da humanidade.

Citemos o único exemplo de iniquidade judicial cuja menção, depois da morte de Sócrates, não constituiria um anticlímax: o acontecimento que teve lugar no Calvário mais de 1800 anos atrás. O homem que deixou na memória daqueles que testemunharam a sua vida e as suas palavras tal impressão de grandeza moral, o homem a que os dezoito séculos seguintes prestaram homenagens como se fosse o Todo Poderoso em pessoa, foi da forma mais reles executado; e como o quê? Como um blasfemador. Os homens não somente entenderam mal o seu benfeitor, mas o tomaram como sendo justamente o contrário do que ele era, e o trataram como aquele prodígio de impiedade que, pelo tratamento que lhe deram, agora se pensa que eles são. Os sentimentos com os quais a humanidade atualmente percebe esses lamentáveis acontecimentos, especialmente o segundo deles, a torna extremamente injusta no julgamento dos infelizes atores que neles tomaram parte. Esses não foram, pelo que parece, homens ruins — não piores do que os homens comumente são, mas até o contrário: homens que tinham a plena medida, e às vezes mais do que a plena medida, dos sentimentos religiosos, morais e patrióticos de sua época e de seu povo, o tipo de homens que em todas as épocas, incluindo a nossa, têm a chance de passar pela vida como respeitáveis e impolutos. O sumo sacerdote que rasgou seus votos quando palavras que, de acordo com as ideias de seu país constituíam a culpa mais negra, foram proferidas, estava muito provavelmente sendo tão sincero em seu horror e indignação quanto a generalidade dos homens pios e respeitáveis o são agora nos sentimentos morais e religiosos que professam; muitos dos que agora tremem diante da conduta do sumo sacerdote, se tivessem vivido naqueles tempos e nascido judeus, teriam agido precisamente como ele. Cristãos sinceros que estejam tentados a pensar que aqueles que apedrejaram até a morte os primeiros mártires devem ter sido homens piores do que eles são, deveriam se lembrar que um dos perseguidores foi São Paulo.

Acrescentando mais um exemplo, o mais espantoso de todos, se o valor de um erro puder ser medido pela sabedoria e virtude daquele que incorre nele. Se jamais algum homem que deteve algum poder teve motivos para pensar sobre si mesmo que era o melhor e o mais sábio dentre seus contemporâneos, esse foi o imperador romano Marco Aurélio. Monarca absoluto de todo o mundo civilizado, ele conservou durante toda a sua vida não apenas a mais impecável justiça como também, o que não seria tanto de se esperar devido à sua educação estoica, o mais tenro dos corações. Os poucos sentimentos que lhe foram atribuídos estavam todos do lado da indulgência, enquanto os seus escritos, a mais elevada produção ética da mente antiga, dificilmente podem ser vistos como diferentes, se é que possuem mesmo alguma diferença, dos mais característicos ensinamentos de Cristo. Esse homem, um cristão melhor, exceto no sentido dogmático da palavra, que quase todos os ostensivos soberanos cristãos que reinaram desde então, perseguiu o cristianismo. Colocado no ápice de todas as conquistas prévias da humanidade, possuidor de um intelecto aberto e sem grilhões, com um caráter que o levou por si mesmo a encarnar em seus escritos morais o ideal cristão, ainda assim ele falhou em ver que o cristianismo era para ser um bem e não um mal para o mundo, com os deveres de que estava profundamente imbuído. Ele sabia que a sociedade de então se encontrava num estado deplorável. Mas sendo ela como era, ele viu, ou achou que viu, que ela estava sendo sustentada e impedida de se tornar ainda pior pela crença e reverência às divindades estabelecidas. Como governante da humanidade, ele considerava ser seu dever não permitir que a sociedade se despedaçasse, e não percebeu que se os laços existentes fossem desfeitos, outros poderiam ser formados para ligar a sociedade novamente. A nova religião abertamente visava dissolver esses laços: portanto, a menos que fosse seu dever adotar essa religião, era seu dever destruí-la. Uma vez que a teologia do cristianismo não lhe parecia ser verdadeira ou de origem divina, uma vez que essa estranha história de um Deus crucificado não lhe era crível, e um sistema que afirmava se sustentar inteiramente sobre uma fundação que para ele era totalmente inacreditável, ele não pôde prever que o cristianismo era o agente renovador que, feitos todos os descontos, acabou provando ser; o mais gentil e amigável dos filósofos e governantes, sob um solene senso de dever, autorizou a perseguição do cristianismo. Para mim, esse é um dos mais lamentáveis fatos de toda a história. É amargo pensar quão diferente teria sido o cristianismo, se a fé cristã tivesse sido adotada como a religião do império sob os auspícios de Marco Aurélio e não sob os de Constantino. Mas seria igualmente injusto para com ele, e uma falsidade, negar que toda razão que pudesse ser apresentada para a punição de ensinamentos anti-cristãos foi levada em conta por Marco Aurélio, tal como ele fazia com a propagação da cristandade. Nenhum cristão acredita mais firmemente que o ateísmo é falso e leva à dissolução da sociedade do que Marco Aurélio; acreditava nas mesmas coisas a respeito do cristianismo, ele que, de todos os homens que viviam então, poderia ser pensado como o mais capaz de entender isso. A menos que alguém que aprove a punição pela propagação de opiniões se lisonjeie a si mesmo imaginando ser mais sábio e melhor do que Marco Aurélio — mais conhecedor da sabedoria de seu tempo e elevado em seu intelecto para além dela, mais consciencioso em sua busca pela verdade, ou mais fiel em sua devoção a ela quando encontrada —, que essa pessoa se abstenha da dupla presunção de infalibilidade, a sua e a da multidão, como o grande Antoninus fez, com resultados tão infortunados.

Ciente da impossibilidade de defender o uso de punições para a repressão de opiniões irreligiosas por qualquer argumento que não acabasse também por justificar Marco Aurélio, os inimigos da liberdade religiosa, quando pressionados duramente, de vez em quando aceitam esta consequência, e dizem, juntamente com o Dr. Johnson, que os perseguidores da cristandade estavam certos; que a perseguição é uma prova pela qual a verdade deve passar, e na qual ela sempre é bem sucedida, as punições legais sendo, no fim, impotentes contra a verdade, embora às vezes beneficamente efetivas contra erros danosos. Este é um argumento a favor da intolerância religiosa suficientemente extraordinário e espantoso para que possa sem mais ser deixado de lado.

Uma teoria que afirme que a verdade pode ser justamente perseguida por que a perseguição não pode lhe trazer nenhum mal, não pode ser atacada como intencionalmente hostil à recepção de novas verdades; mas não podemos elogiar a generosidade de seu tratamento para com as pessoas com as quais a humanidade está em dívida por essas verdades. Apresentar ao mundo algo que o interessa profundamente e do qual ele era antes ignorante; provar a ele que andou em erro em algum ponto vital de interesse temporal ou espiritual é um importante serviço que um ser humano pode render aos outros e, em certos casos, como nos dos primeiros cristãos e dos iniciadores da Reforma, que pessoas que pensam como o Dr. Johnson acreditam ser o bem mais precioso que poderia ser doado à humanidade. Que os autores de tão esplendidos benefícios tivessem sido levados ao martírio, que as suas recompensas tivessem sido a de serem tratados como os mais vis dos criminosos, não é, segundo essa teoria, um erro deplorável e um infausto acontecimento, pelo qual a humanidade deveria ficar de luto, mas sim o estado de coisas normal e justificável. Aquele que propõe uma nova verdade, de acordo com essa doutrina, deve ficar, como ficaram aqueles que, entre os locrianos[4], propunham novas leis, com um laço em volta do pescoço, a ser instantaneamente apertado se a assembleia de cidadãos, depois de ouvir suas razões, não adotasse, naquele mesmo momento e local, as suas máximas. Pessoas que defendem essa maneira de se tratar os que fazem o bem não podem ser consideradas como pessoas que dão muito valor aos benefícios; penso que esta visão deste assunto se restringe àquele tipo de pessoa que julga que novas verdades um dia podem ter sido desejáveis, mas que atualmente já as temos em quantidade mais que suficiente.

Mas, de fato, dizer que a verdade sempre triunfa sobre as perseguições é uma daquelas mentiras agradáveis que os homens repetem uns para os outros até que elas

---

[4] Antiga população grega. [N.T.]

se transformam em lugares comuns, mas que toda a experiência refuta. A história está cheia de exemplos de verdades derrubadas por perseguições. Se não suprimida para sempre, pelo menos recusada por séculos. Para mencionar apenas opiniões religiosas: a Reforma apareceu pelo menos umas vinte vezes antes de Lutero, e foi reprimida. Arnoldo de Brescia foi destruído. Frei Dolcino foi destruído. Savanarola foi destruído. Os albigenses foram destruídos. Os valdenses foram destruídos. Os lollardos foram destruídos. Os hussitas foram destruídos. Mesmo depois da época de Lutero, onde quer que as perseguições tenham continuado elas foram bem sucedidas. Na Espanha, Itália, em Flandres, no Império Austríaco, o protestantismo foi extirpado, e muito provavelmente assim teria sido na Inglaterra, se a rainha Mary tivesse vivido ou se a rainha Elizabeth tivesse morrido. A perseguição sempre foi bem-sucedida, exceto onde os heréticos formavam um agrupamento forte demais para ser perseguido com sucesso. Nenhuma pessoa razoável negaria que o cristianismo poderia ter sido extirpado no Império Romano. O cristianismo se espalhou e se tornou predominante por que as perseguições foram apenas ocasionais, durando um curto período, e separadas por longos intervalos de quase imperturbada propaganda. Não passa de fútil sentimentalismo achar que a verdade, meramente como verdade, tem algum poder inerente, que é negado ao erro, o de prevalecer diante das masmorras e da estaca. Os homens não são mais zelosos com a verdade do que o são com o erro, e uma aplicação suficiente de penas legais ou mesmo sociais será geralmente bem-sucedida para interromper a propagação de ambos. A vantagem real que a verdade possui consiste em que, quando uma opinião é verdadeira, ela pode ser extinta uma, duas, ou muitas vezes, mas no decorrer dos tempos haverá pessoas que virão a redescobri-la, até que em uma dessas ocasiões a sua reaparição se dará em um momento em que, por circunstâncias favoráveis, ela escapará das perseguições até ter estabelecido uma posição que lhe permitirá resistir a todas as tentativas subsequentes de suprimi-la.

Será afirmado que nós não matamos aqueles que introduzem novas opiniões: ao contrário de nossos pais, não matamos os profetas, na verdade construímos até sepulcros para eles. Verdade que não mais executamos heréticos, e que a quantidade de aplicação de penas que o sentimento moderno provavelmente toleraria, mesmo contra as mais asquerosas opiniões, não seria suficiente para extirpá-las. Mas não fiquemos a nos lisonjear pensando que estamos mesmo livres da mancha da perseguição legal. Crimes de opinião, ou pelo menos pela expressão de opiniões, ainda existem na lei, e a aplicação de penas contra eles não deixou de acontecer, mesmo em nossos dias, o que não torna inacreditável que um dia elas não possam ser revividas com plena força. No ano de 1857, num tribunal na região da Cornualha, um homem sem sorte,[5] do qual se dizia ser de uma conduta excepcional em todos os aspectos da vida, foi sentenciado a 21 meses de cadeia por pronunciar e escrever num portão algumas palavras ofensivas em relação ao cristianismo. Na mesma época, um mês depois, no tribunal de Old Bailey, em Londres, duas pessoas, em ocasiões separadas,[6] foram rejeitadas para a função de jurados, e uma delas grosseiramente insultada pelo juiz e por um dos advogados, porque ambas declararam honestamente

---

[5] Thomas Pooley, Bodmin Assizes, 31 de julho de 1857. Em dezembro ele foi perdoado pela Coroa. [N.A.]

[6] George Jacob Holyoake, 17 de agosto de 1857; Edward Truelove, julho de 1857. [N.A.]

que não possuíam nenhuma crença teológica, e, pela mesma razão, a uma terceira pessoa, um estrangeiro,[7] foi negada justiça contra um ladrão. Essa negativa de compensação ocorreu devido à doutrina legal de que nenhuma pessoa pode fornecer evidências a uma corte de justiça sem antes professar a crença em Deus (qualquer deus já bastaria) e num estado futuro; o que equivale a declarar as pessoas que não o fazem como estando fora da lei, excluídas da proteção das leis, podendo não só ser roubadas ou assaltadas com impunidade, se ninguém mais estiver presente além delas mesmas ou de outras pessoas de opinião semelhante, mas que todo o mundo restante pode ser roubado ou assaltado com impunidade, se a prova do fato depender da evidência apresentada por essas pessoas. Isto está baseado na presunção de que um juramento não tem valor se dado por uma pessoa que não acredita numa vida futura; uma proposição que demonstra muita ignorância da história da parte daqueles que concordam com ela (desde que é historicamente verdadeiro que uma grande proporção dos infiéis em todas as eras foi de grande integridade e honra); e não seria defendida por ninguém que tivesse a menor ideia de quantas pessoas tidas pelo mundo como dotadas de grande reputação, tanto em virtudes quanto em realizações, são bem conhecidas, pelo menos por seus íntimos, por serem não crentes. Além disso, a regra é suicida, e joga fora seu próprio fundamento. Sob o pretexto de que todos os ateístas devem ser mentirosos, ele admite o testemunho de todos os ateístas que estejam dispostos a mentir, e rejeita apenas o daqueles que preferem enfrentar a publicidade confessando uma crença detestada ao

---

[7] Baron de Gleicher, Tribunal de polícia Marborough-street, 4 de agosto de 1857. [N.A.]

invés de afirmar uma mentira. Uma regra assim, que se condena a si mesma no que diz respeito ao seu pretendido propósito, só pode ser mantida como um sinal de ódio, uma relíquia da perseguição; uma relíquia que tem a peculiaridade de que a qualificação para promovê-la é a amostra clara de não merecer essa qualificação. A regra, e a teoria que a implica, é tão insultante para os fiéis quanto para os que não o são. Pois se aquele que não acredita numa vida futura mente necessariamente, segue-se que aqueles que acreditam são impedidos de mentir, se é que realmente o são, apenas pelo medo do inferno. Não impingiremos aos autores e defensores dessa regra a injúria de supor que a concepção que eles formaram da virtude cristã advém de suas próprias consciências.

De fato, estes são os trapos e restos da perseguição, e pode-se pensar que são não tanto uma indicação do desejo de perseguir quanto um exemplo daquela frequente fraqueza da mentalidade inglesa, que leva os ingleses a ter um estranho prazer na asserção de um princípio ruim, quando eles já não são maus o bastante para pô-lo de fato em prática. Mas, infelizmente, não há segurança no estado mental do público de que a suspensão das piores formas de perseguição legal, que tem perdurado pelo período de uma geração, continuará. Nessa nossa época, a quieta superfície da rotina é tão frequentemente perturbada por tentativas de ressuscitar os males do passado quanto pela introdução de novos benefícios. O que é proclamado atualmente como um reavivamento da religião é sempre, pelo menos para as mentes estreitas e incultas, no mínimo também um reavivamento do fanatismo, e onde há um forte e permanente fermento de intolerância nos sentimentos de um povo, o que sempre permanece nas classes médias deste país, pouco se precisa para provocá-lo a uma perseguição ativa contra aqueles que ele nunca deixou de pensar como objetos apropriados para uma perseguição.[8] Pois é isso — esta é a opinião que os homens mantêm e os sentimentos que acalentam, em relação aos que minimizam os sentimentos que lhes parecem importantes —, que faz com que este país não seja um lugar de liberdade mental. Já há um bom tempo, a principal calamidade causada pelas penas legais é a de que elas fortalecem o estigma social. É esse estigma que é de fato efetivo, e tão efetivo que a confissão de opiniões que são proibidas pela sociedade é muito menos comum na Inglaterra do que em muitos outros países em que a declaração dessas crenças incorrem no risco de punições judiciárias. Em relação a todas as pessoas exceto aquelas

[8] Um aviso claro pode ser retirado do grande fluxo de paixões de um perseguidor, que se misturou com a ampla amostra dos piores aspectos do nosso caráter nacional por ocasião da insurreição dos Sepoys. As loucuras de fanáticos ou charlatães num púlpito podem ser indignas de atenção; mas os líderes do partido evangélico anunciaram como seu princípio para o governo de hindus e maometanos que nenhuma escola na qual a Bíblia não seja ensinada será sustentada por dinheiro público, e que, por consequência necessária, nenhum emprego público será dado para cristãos, reais ou fingidos. Um subsecretário de Estado (William N. Massey) num discurso feito aos seus eleitores em 12 de dezembro de 1857, parece ter dito "A tolerância para com a sua fé" (a fé de centenas de milhões de súditos britânicos), "com a superstição que eles chamam de religião, pelo governo britânico, tem tido o efeito de retardar a ascendência do nome britânico, impedindo o saudável crescimento do cristianismo [...]. A tolerância foi a grande pedra fundamental das liberdades religiosas deste país; mas que eles não abusem dessa preciosa palavra, tolerância. Tal como ele a entende, ela significa a liberdade completa para todos, liberdade de crença, *entre cristãos, que adoram sob os mesmos fundamentos.* Ela significa a tolerância para todas as seitas e denominações de *Cristãos que creem na mesma mediação.*" Chamo a atenção para o fato de que um homem que foi considerado apto para um alto cargo no governo deste país, sob um ministério liberal, mantenha a doutrina que todos aqueles que não acreditam na divindade do Cristo estão além da tolerância. E que, depois dessa amostra imbecil, pode ter a ilusão de que as perseguições religiosas passaram, para nunca mais retornar? [N.A.]

cujas condições financeiras as tornam independentes da boa vontade dos outros, a opinião, neste assunto, é tão eficaz quanto a lei; os homens podem ser tanto aprisionados quanto excluídos dos meios de ganhar a vida. Aqueles que têm o seu pão assegurado, e que não desejam favores dos homens que estão no poder, nem de grupos de pessoas ou do público, nada têm a temer da expressão aberta de suas opiniões, exceto serem malvistos e malfalados, mas isso não exige uma compleição heroica para ser suportado. Não há lugar para um apelo *ad misericordiam* por essas pessoas. Mas apesar de não infligirmos tanto mal quanto dantes àqueles que pensam diferente, pode ser que façamos tanto mal a nós mesmos como sempre, pelo tratamento que damos a eles. Sócrates foi executado, mas a filosofia socrática se elevou como o sol nos céus e espalhou sua luz por todo o firmamento intelectual. Cristãos foram jogados aos leões, mas a igreja cristã cresceu como uma alta e frondosa árvore, sobressaindo-se entre as mais antigas e menos vigorosas e acabando por asfixiá-las na sua sombra. Nossa intolerância meramente social não mata ninguém, não extirpa nenhuma opinião, mas induz os homens a escondê-las ou se abster de qualquer esforço ativo para difundi-las. Entre nós, as opiniões heréticas não ganham nem perdem terreno de forma perceptível com o correr das gerações; elas nunca brilham para todos os lados, mas ficam fumegando nos pequenos círculos de pessoas estudiosas e pensantes em que se originaram, sem jamais iluminar os assuntos comuns da humanidade com uma luz verdadeira ou enganadora. E assim se mantém um estado de coisas muito satisfatório para certas mentes, já que, sem o desagradável processo de multar ou prender alguém, nele todas as opiniões ficam externamente imperturbadas, enquanto nada impede o exercício da razão pelos dissidentes afligidos pela doença do pensar. Um plano conveniente para manter a paz no mundo intelectual e para manter todas as coisas andando como sempre. Mas o preço pago por esse tipo de pacificação intelectual é o sacrifício de toda a coragem moral da mente humana. Um estado de coisas em que os intelectos mais ativos e inquisitivos acham melhor guardar os princípios genuínos e fundamentos de suas convicções para si mesmos, tentando, quando se dirigem ao público, adequar o quanto podem as suas conclusões às premissas que intimamente já foram postas de lado, não pode apresentar os caracteres indômitos e os intelectos lógicos e consistentes que uma vez adornaram o mundo pensante. O tipo de homem que se pode encontrar aí são ou apenas os conformados com os lugares-comuns ou servidores temporários da verdade, cujos argumentos sobre todos os grandes assuntos levam em conta somente os ouvintes, e não aqueles argumentos de que se convenceram de serem os verdadeiros. Aqueles que evitam essa alternativa, o fazem estreitando os seus pensamentos e interesses em coisas sobre as quais se pode falar, sem se aventurar na região dos princípios, isto é, se limitam a pequenos assuntos práticos, o que seria bom para eles, fossem as mentes humanas alargadas e fortalecidas, o que nunca será de fato correto até que isso se dê; ao posso que é abandonado aquilo que poderia fortalecer e alargar a mente dos homens, especulações livres e audaciosas nos assuntos mais elevados.

Aqueles para cuja visão essa reticência por parte dos heréticos não é um mal devem considerar em primeiro lugar que a consequência disso é que nunca ocorre uma discussão justa e completa das opiniões heréticas, e que aquelas que não poderiam se sair bem em tal discussão, apesar de impedidas de se espalhar, não desaparecem. Mas não é a mente dos heréticos as que mais se deterioram com a supressão de toda a investigação que não chega às conclusões ortodoxas. O maior mal se faz com aqueles que não são heréticos, cujo desenvolvimento mental é atrasado, e cuja razão se torna acovardada pelo medo da heresia. Quem pode contar o que o mundo perde entre a multidão de intelectos promissores combinados com caracteres tímidos, que não ousam seguir qualquer trilha de pensamento audaciosa, vigorosa e independente, pois isso poderia vir a ser considerado irreligioso e imoral? Entre esses, podemos ocasionalmente ver algum homem, profundamente consciencioso e com um entendimento sutil e refinado, que gasta a sua vida fazendo sofismas com um intelecto que ele não pode calar, e exaure os recursos da engenhosidade numa tentativa de conciliar anseios de sua razão e consciência com a ortodoxia, o que talvez ele não consiga nunca realizar. Ninguém pode ser um grande pensador se não souber que, como um pensador, o seu dever primário é seguir o seu intelecto até as conclusões, quaisquer que elas sejam. A verdade ganha mais pelos erros daqueles que, com o devido estudo e preparação, pensam por si mesmos, que pelas opiniões verdadeiras daqueles que somente as sustentam porque não se dão ao incômodo de pensar. Não é apenas ou principalmente para se formar grandes pensadores que a liberdade de pensamento é necessária. Pelo contrário, ela é tão ou ainda mais indispensável para capacitar os seres humanos medianos a alcançarem a estatura mental da qual são capazes. Houve já, e pode voltar a haver, grandes pensadores individuais numa atmosfera de escravidão mental. Mas nunca houve, ou poderá haver, numa tal atmosfera, um povo intelectualmente ativo.

Quando um povo qualquer conseguiu se aproximar provisoriamente dessa situação, isso se deveu ao fato de que o temor da especulação heterodoxa foi suspenso por algum tempo. Onde há uma tácita convenção de que os princípios não devem ser discutidos, onde a discussão das grandes questões com os quais a humanidade pode se ocupar é considerada encerrada, não podemos esperar achar aquela alta escala de atividade mental que tornou alguns períodos da história tão marcantes. Quando o debate evitou os assuntos grandes e importantes o suficiente para acender o entusiasmo a mentalidade de um povo jamais elevou-se de suas fundações, e tal impulso, que então seria dado, elevaria mesmo as pessoas com os intelectos mais comuns a algo com a dignidade de seres pensantes. Disso temos um bom exemplo nas condições da Europa, nos tempos que se seguiram imediatamente à Reforma; outro, mais limitado ao continente europeu e para uma classe mais limitada, o movimento especulativo da segunda metade do século XVIII; e um terceiro, e mais breve ainda, a fermentação intelectual na Alemanha durante a época de Goethe e Fichte. Esses períodos diferem enormemente em relação às opiniões particulares que desenvolveram, mas são semelhantes porque enquanto duraram o jugo da autoridade foi rompido. Em cada um deles, um despotismo mental envelhecido foi descartado, e nenhum novo havia ainda tomado o seu lugar. O impulso dado por esses três períodos fez da Europa o que ela é agora. Cada simples melhoria que ocorreu, seja na mente humana, seja nas instituições, pode ser ligada distintivamente a um ou outro desses períodos. As aparências já por algum tempo têm indicado que todos esses três impulsos se exauriram, e não podemos esperar nenhum novo começo até que reafirmemos nossa liberdade mental.

Passemos agora à segunda parte do argumento e, deixando de lado a suposição de que alguma das opiniões recebidas possa ser falsa, assumamos que elas sejam verdadeiras, e examinemos qual o valor do modo com que elas provavelmente serão sustentadas, quando a sua verdade não puder ser aberta e livremente propagandeada. Não importando com quanto desgosto uma pessoa que tenha uma opinião formada deva admitir a possibilidade de que sua opinião possa ser falsa, ela deve se deixar levar pela consideração que, a despeito de quão verdadeira possa ser, se não for discutida plenamente, frequentemente e sem receio, será sustentada como um dogma morto, não como uma verdade viva.

Há uma classe de pessoas (felizmente não tão numerosa como dantes) que pensa ser suficiente se uma pessoa concorda sem duvidar com aquilo que elas pensam ser verdade, apesar de essa pessoa não ter o menor conhecimento dos fundamentos de sua opinião e não poder defendê-la coerentemente contra a mais superficial das objeções. Tais pessoas, se conseguem fazer com que suas crenças sejam ensinadas pela autoridade, obviamente pensam que nenhum bem, e algum dano, viria se fosse permitido que elas fossem questionadas. Onde sua influência prevalece, eles fazem com que seja quase impossível que as opiniões recebidas possam ser rejeitadas de forma sábia e considerada, apesar de elas poderem ser rejeitadas impulsiva e ignaramente, pois impedir toda e qualquer discussão dificilmente é possível, e quando uma começa, crenças baseadas em convicções tendem a ceder espaço diante da mais remota aparência de um argumento. Deixando de lado essa possibilidade — assumindo que a verdadeira opinião está alojada na mente, mas em forma de preconceito, uma crença independente e à prova de argumentos —; esse não é o jeito pelo qual a verdade deve ser defendida por um ser racional. Isso não é conhecer a verdade. Uma verdade assim defendida não passa de uma superstição a mais, acidentalmente sustentando-se em palavras que enunciam uma verdade.

Se o intelecto e a capacidade de julgar da humanidade devem ser cultivados, algo que os protestantes pelo menos não negam, no que essas faculdades poderiam ser mais apropriadamente empregadas por alguém do que naquilo que mais lhe interessa tanto, que considera necessário que tenha opiniões sobre elas? Se o cultivo do entendimento consiste em algo, é em conhecer os fundamentos da opinião de cada um. O que quer que as pessoas acreditem, em assuntos nos quais é da máxima importância se ter a crença correta, elas devem ter a habilidade para defender suas crenças pelo menos contra as objeções mais comuns. Alguém pode dizer "Que sejam elas instruídas e *ensinadas* sobre os fundamentos de suas opiniões. Daí não se segue que opiniões sejam mera papagaíce porque elas nunca foram contraditadas. Pessoas que aprendem geometria não colocam simplesmente os teoremas na memória, mas compreendem e aprendem também as demonstrações, e seria absurdo pretender que eles continuam ignorantes dos fundamentos das verdades geométricas porque nunca ouviram ninguém negá-las e tentar prová-las falsas." Sem dúvida: e um ensinamento deste tipo é suficiente para um assunto como a matemática, onde não há nada a ser dito sobre o lado errado da questão. A peculiaridade da evidência das verdades matemáticas é a de que todo o argumento se coloca de um lado apenas. Mas em todo assunto onde a diferença de opinião é possível, a verdade depende de um balanceamento a ser feito entre dois grupos de opiniões conflitantes. Mesmo na filosofia natural sempre há alguma outra explicação possível dos mesmos fatos; uma teoria geocêntrica ao invés de uma heliocêntrica, um flogístico no lugar do oxigênio, e tem que ser demonstrado por que a outra teoria não é a verdadeira, e até que isso seja demonstrado, e até que saibamos como demonstrar, não compreendemos os fundamentos da nossa opinião. Mas quando nos voltamos para assuntos infinitamente mais complicados, para a moral, a religião, a política, as relações sociais e os negócios da vida, três quartos dos argumentos de cada opinião em disputa consiste em dissipar as aparências que favorecem alguma outra opinião diferente. O maior dos oradores, exceto um, deixou registrado que ele sempre estudava o caso de seus adversários com uma intensidade tão grande quanto o seu próprio, se não maior. O que Cícero praticava com o intuito de obter sucesso nos tribunais, deve ser imitado por todos aqueles que estudam qualquer assunto para chegar à verdade. Aquele que conhece apenas o seu lado do caso conhece pouco dele. Suas razões podem ser boas, e pode não haver alguém que possa refutá-las. Mas se ele também é igualmente incapaz de refutar as razões do outro lado, se ele não sabe pelo menos quem são os adversários, ele não tem motivo para preferir uma opinião à outra. Para ele, a posição racional seria a da suspensão do juízo, e a menos que ele se contente com essa posição, ele ou será guiado pela autoridade, ou adotaria, como quase todo mundo, o lado pelo qual sentisse mais inclinação. Não é suficiente que ele ouça os argumentos de seus adversários proferidos por mestres que estão do seu lado, apresentados da forma que eles quiserem, acompanhados do que eles oferecem como refutações. Esse não é o modo de fazer justiça aos argumentos, ou trazê-los a um contato real com sua própria mente. Ele deve ser capaz de ouvi-los de pessoas que realmente acreditam neles, que os defendem com sinceridade, e fazem tudo o que podem em favor deles. Ele deve conhecer esses argumentos em sua forma mais plausível e persuasiva; ele deve sentir toda a força das dificuldades que a verdadeira visão do assunto deve encontrar e derrotar; ou então ele nunca possuirá aquela parte da verdade que faz frente e remove aquelas dificuldades. Noventa e nove por cento daqueles que são chamados de homens instruídos estão nessa posição, mesmo aqueles que podem fluentemente arguir sobre seus pontos de vista. Suas conclusões podem ser verdadeiras, mas poderiam ser também falsas, por tudo o que eles podem ser: eles nunca se puseram na posição mental daqueles que discordam deles, e nunca consideraram o que essas pessoas teriam para dizer e, por consequência, eles realmente não conhecem a doutrina que defendem. Não conhecem dela as partes que explicam e justificam o resto; as considerações que mostram como ou por que um fato que aparentemente contradiz outro pode ser reconciliado; ou o porque, de duas razões aparentemente fortes, uma e não a outra deve ser preferida. Toda aquela parte da verdade que vira o jogo, e decide o julgamento para uma mente completamente informada, que não a conhecem realmente; mas para aqueles que conhecem igual e imparcialmente ambos os lados e esforçam-se para ver as razões de ambos mais claramente. Tão essencial é essa disciplina para um entendimento real da moral e dos assuntos humanos, que se os oponentes de todas as verdades importantes não existissem, seria indispensável imaginá-los, e lhes conceder os mais poderosos argumentos que o mais esperto advogado do diabo poderia conjurar.

Para diminuir a força dessas considerações um inimigo da discussão livre poderia argumentar que não há nenhuma necessidade para a humanidade em geral de conhecer e entender tudo o que pode ser dito contra ou a favor de sua opinião por filósofos e teólogos. Que não seria preciso, para os homens comuns, ser capaz de expor todas as embromações e falácias de um oponente sutil. Já seria suficiente que houvesse alguém capaz de respondê-las, de forma que nada que desviasse de seu caminho pessoas de pouca instrução permanece sem ser refutado. Que as mentes mais simples, depois de aprenderem os fundamentos básicos das opiniões inculcadas nelas, devem confiar numa autoridade para o resto, ficando cientes que eles não possuem nem o talento nem o conhecimento para resolver qualquer dificuldade que viesse a aparecer, podem se tranquilizar que todas as dificuldades que surgirem serão, ou poderão ser, respondidas por aqueles treinados para essa tarefa.

Que se conceda a este ponto de vista sobre o assunto o máximo que pode ser reclamado por aqueles mais satisfeitos com a quantidade de conhecimento da verdade que deve acompanhar a crença nesta e, mesmo assim, o argumento a favor da livre discussão de maneira nenhuma se enfraquece. Pois este argumento também reconhece que a humanidade deve possuir uma garantia racional de que todas as objeções foram satisfatoriamente respondidas; e como as objeções podem ser respondidas se o que deve ser respondido não pode ser expresso? Ou como pode a resposta ser reconhecida como satisfatória, se os contraditores não tiveram oportunidade de mostrar que ela não é satisfatória? Se não o público, pelo menos os filósofos e teólogos que devem resolver as dificuldades tem que se familiarizar com essas dificuldades na sua forma mais complexa, e isso não pode acontecer exceto se elas puderem ser livremente expressas, e postas sob as luzes mais favoráveis possíveis. A Igreja Católica tem a sua maneira própria de lidar com esse embaraçoso problema. Ela faz uma larga distinção entre aqueles que podem receber as suas doutrinas baseados na convicção, e aqueles que devem aceitá-las em confiança. A nenhum, é bem verdade, é dada a possibilidade de escolher o que vão aceitar; mas os clérigos, pelo menos o tanto quanto possam ser confiáveis, podem, sob permissão e com aprovação, conhecer os argumentos dos adversários para poder respondê-los, o que os faz ler os livros heréticos; aos leigos isso é vetado, exceto se obterem uma difícil permissão especial. Essa disciplina reconhece o conhecimento do caso inimigo como favorável aos professores, mas encontra meios, consistentes com ela, de negá-los ao resto do mundo: concedendo à *élite* mais cultura mental, mas não mais liberdade mental, do que permite para as massas. Por esse mecanismo ela consegue obter o tipo de superioridade mental que seu propósito requer, pois se cultura sem liberdade nunca pode formar uma mente aberta e liberal, ela pode formar um esperto *nisi prius* advogado de uma causa. Mas, nos países protestantes, esse recurso não está disponível, já que os protestantes sustentam que, pelo menos em teoria, a responsabilidade pela escolha da religião é de cada um, e não pode ser atribuída aos professores. Além disso, no atual estado de coisas é praticamente impossível que os escritos prontos para serem ensinados possam ser postos fora do alcance dos ainda não instruídos. Se os mestres da humanidade conhecem tudo o que precisam conhecer, qualquer material deve ser liberado para ser escrito e publicado sem restrições.

Se, no entanto, a maléfica ausência de discussão livre,

quando as opiniões recebidas forem verdadeiras, estiver confinada a deixar os homens ignorantes sobre as bases de suas opiniões, pode-se pensar que este é um mal intelectual, e não moral, e que não afeta o valor das opiniões, vistas do lado de sua influência no caráter. No entanto, o fato é que não são apenas as bases da opinião que são esquecidas na ausência da discussão, mas muito frequentemente o próprio significado da discussão. As palavras que a carregam cessam de sugerir ideias, ou sugerem apenas uma pequena parte das ideias que originalmente comunicavam. Ao invés de uma concepção vívida e uma crença viva, restam apenas umas poucas sentenças decoradas; ou, se sobra alguma parte, a casca e o casco somente do significado continuam, a essência mais fina sendo perdida. O grande capítulo da história humana que esse fato ocupa e preenche não pode ser suficientemente estudado e meditado.

Ele está ilustrado pela experiência de quase todas as doutrinas éticas e crenças religiosas. Cheias de significado e vitalidade para aqueles que as iniciam e seus discípulos diretos, o seu significado continua a ser sentido com a mesma força, e talvez levado a uma consciência mais completa, enquanto dura o conflito para dar à doutrina ou crença uma ascendência sobre as outras crenças. Finalmente, ou ela vence, e se torna a opinião comum, ou o progresso cessa; ela mantém o terreno conquistado, mas não vai mais além. Quando algum desses resultados torna-se evidente, a controvérsia sobre o assunto diminui, e gradualmente cessa de vez. A doutrina assumiu seu lugar, se não como uma opinião recebida, pelo menos como uma das seitas ou divisões de opiniões aceitas: aqueles que a sustentam geralmente a herdaram, não se converteram a ela; e a conversão de uma dessas doutrinas para outra, sendo um fato excepcional, ocupa pouco espaço nos pensamentos de seus professores. Ao invés de estar, como no início, constantemente em alerta, ou para se defender do mundo ou para tomá-lo, seus fiéis caíram na aquiescência, e nem sequer ouvem, se podem evitá-lo, os argumentos contra a sua crença, nem perturbam os dissidentes (se houver algum) com argumentos a seu favor. É deste momento que se pode datar o declínio no poder vivo da doutrina. Frequentemente ouvimos mestres de todos os credos lamentando a dificuldade de se manter na mente dos fiéis uma apreensão vívida da verdade que esses reconhecem verbalmente, de modo que esta verdade pudesse penetrar os sentimentos e adquirir um controle real sobre as condutas. Nunca se reclama dessa dificuldade quando a crença ainda está lutando por sua existência: mesmo o mais fraco de seus combatentes sabe e sente pelo que está lutando, e qual a diferença entre essa e as outras doutrinas; e nesse período da existência de toda crença, não poucas pessoas podem ser encontradas que, tendo se conscientizado de seus princípios fundamentais em todas as formas de pensamento, os pesaram e consideraram em todos os aspectos importantes, experimentaram o pleno impacto dela sobre o caráter que a fé naquela doutrina deve ocasionar numa mente completamente imbuída dela. Mas quando se torna uma crença hereditária, recebida passiva e não ativamente — quando a mente não é mais compelida no mesmo grau que antes a exercitar seus poderes vitais nas questões que a crença apresenta —, há uma tendência progressiva a se esquecer toda a crença exceto suas fórmulas, ou a dar a ela um consentimento morno e desinteressado, como se sua aceitação por confiança dispensasse a necessidade de realizá-la conscientemente, ou de testá-la pela experiência pessoal; até ela quase deixar de estar ligada com a vida interior do ser humano. É por isso que se veem esses casos, tão frequentes hoje em dia que quase formam a maioria, nos quais o credo permanece como que fora da mente, incrustando-a e petrificando-a contra todas as influências dirigidas às partes superiores de nossa natureza; manifestando o seu poder impedindo que alguma convicção viva e fresca a perturbe, mas em si mesmo nada fazendo por seu coração e mente, exceto permanecer vigilante para que continuem vazios.

Em qual extensão doutrinas intrinsecamente adequadas para fazer a mais profunda impressão na mente podem permanecer nesta como uma crença morta, sem jamais se realizar na imaginação, nos sentimentos, ou no entendimento, pode ser exemplificado pela maneira pela qual a maioria dos fiéis mantém a doutrina do cristianismo. Por cristianismo quero aqui significar o que é tido como tal por todas as igrejas e seitas — as máximas e preceitos encontrados no Novo Testamento. Esses são considerados sagrados, e aceitos como tal por todos os cristãos. No entanto, não é exagero dizer que nem sequer um cristão em mil guia ou testa a sua conduta comparando-as com aquelas leis. O padrão ao qual uma pessoa se reporta são os costumes de sua nação, sua classe ou sua religião. Então ela tem, por um lado, uma coleção de máximas éticas, tidas como tendo sido dadas a ela por uma sabedoria infalível como regras para o seu governo, e por outro lado um conjunto de juízos e práticas cotidianos, que se ajustam até certo ponto com algumas dessas máximas, não tão bem com outras, que ficam em oposição direta com outras, e que são, no final, um compromisso entre o credo cristão e os interesses e sugestões da vida laica. Ao primeiro desses padrões ela rende sua homenagem, ao outro a sua verdadeira aliança. Todos os cristãos acreditam que abençoados são os pobres e humildes, e aqueles que são maltratados pelo mundo, que é mais fácil um camelo passar pelo buraco de uma agulha do que um rico entrar no reino dos céus, que não se deve julgar para não ser julgado, que não se deve jurar, que se deve amar ao próximo como a si mesmos, que se alguém pede um casaco, que se lhe deve dar também o manto, que não se deve pensar no amanhã, que para serem perfeitos, eles devem vender tudo o que possuem e dar aos pobres.[9] Eles não são insinceros quando dizem acreditar nessas coisas. Eles acreditam nelas, do modo que as pessoas acreditam no que sempre ouviram ser elogiado e nunca discutido. Mas no sentido de uma crença viva que regula a conduta, eles acreditam nessa doutrina até o ponto em que lhes é usual fazê-lo. As doutrinas em sua integridade são úteis para se jogar pedras nos adversários com elas, e entende-se que elas devem ser expostas (quando possível) como motivos para qualquer ação que se pense louvável. Mas qualquer um que os relembre que as máximas exigem uma infinidade de coisas as quais eles nunca pensam em fazer, não ganharia nada além de ser classificado entre aquelas pessoas detestáveis que pretendem ser melhores que as outras. A doutrina não tem muita validade para os crentes comuns — não é poder em suas mentes. Eles têm um respeito habitual pelos sons delas, mas nenhum sentimento se espalha das palavras para a coisa significada, e força a mente a deixá-las entrar, e fazer com que elas se conformem com a fórmula. Em qualquer momento em que a

---

[9] Ver Lucas 6, 20—23 (também Mateus 5, 3 e ss.) e Mateus 19, 24; 7, 1; 5, 34 (confronte-se com Tiago 5, 12); 19, 19; 6, 34 e 19, 21. [N.T.]

conduta importa, eles procuram o Sr. A 1 e B para lhes dizer o quão longe ir na obediência a Cristo.

Podemos estar seguros que o caso não era o mesmo com os cristãos primitivos. Tivesse sido assim, a cristandade nunca teria se expandido de uma obscura seita dos desprezados hebreus até chegar a ser a religião do Império Romano. Quando seus inimigos diziam "Vede como esses cristãos amam uns aos outros" (uma observação que dificilmente seria feita por alguém agora), os cristãos tinham certamente um sentimento muito mais vívido do significado de sua crença que jamais tiveram desde então. E este é provavelmente o motivo principal por que a cristandade agora consegue tão poucos progressos em aumentar os seus territórios e que, depois de dezoito séculos, ela esteja quase que confinada apenas aos europeus e aos descendentes de europeus. Mesmo com as pessoas mais religiosas, que são muito mais sinceras sobre suas doutrinas, e dão um maior significado a grande parte delas do que as pessoas em geral, acontece frequentemente que a parte disso que é ativa nas suas mentes é aquela que foi obra de Calvino ou Knox, ou alguma dessas pessoas que estão muito perto deles em termos de caráter. Os ditos de Cristo coexistem passivamente em suas mentes, dificilmente produzindo algum outro efeito além do que é causado quando se ouve palavras amistosas e brandas. Sem dúvida, há inúmeras razões pelas quais são as doutrinas que identificam uma seita que retém muito de sua vitalidade, ao contrário daquelas das seitas reconhecidas, e por que os mestres têm mais trabalho em manter o sentido destas doutrinas vivo; mas uma razão certamente é a de que as doutrinas peculiares sofrem mais questionamentos, e tem que ser defendidas mais frequentemente contra seus opositores. Tanto os professores como os aprendizes dormem em seus postos, tão logo não haja mais inimigos em campo.

A mesma coisa é verdadeira, falando de forma geral, para todas as doutrinas tradicionais — tanto as de prudência e conhecimento da vida quanto as de moral e religião. Todas as línguas e literaturas estão cheias de observações gerais sobre a vida, tanto em relação ao que ela vem a ser, quanto a como agir nela; observações que todos conhecem e que todos repetem, ou ouvem com concordância, que são recebidas como truísmos, mas das quais as pessoas pela primeira vez aprendem o sentido quando a experiência, normalmente de um tipo doloroso, as torna uma realidade para elas. Quantas vezes, refletindo diante de um infortúnio ou desapontamento inesperado, uma pessoa se lembra de algum provérbio ou dito popular, que lhe foi familiar durante toda a vida, cujo sentido, se tivesse sido entendido antes como é agora, poderia tê-la salvo da calamidade. Há outras razões para isso, além da falta de discussão, há muitas verdades cujo sentido pleno *não pode* ser compreendido até que alguma experiência pessoal as tornem familiar. Mas muito do significado dessas verdades poderia ter sido compreendido, e o que foi compreendido teria deixado marca mais forte na mente, se o homem estivesse acostumado a ouvir os prós e contras delas debatidos por gente que entende do assunto. A tendência fatal da humanidade de deixar de pensar a respeito de algo quando não há mais dúvidas sobre isso é responsável por metade dos seus erros. Um autor contemporâneo disse bem, referindo-se ao "sono profundo de uma opinião decidida".

Mas, então (pode-se perguntar), é a ausência de unanimidade uma condição indispensável do conhecimento verdadeiro? Será necessário que uma parte da humanidade deva persistir no erro, para que alguém seja capaz de entender a verdade? Será que uma crença deixa de ser verdadeira tão logo seja aceita por todos — e uma proposição nunca seja completamente compreendida e sentida exceto se alguma dúvida sobre ela permanecer? Tão logo a humanidade tenha unanimemente aceitado uma verdade, será que a verdade morre com ela? O mais elevado objetivo e o melhor resultado da inteligência aperfeiçoada, até aqui se pensou assim, é o de unir a humanidade mais e mais no reconhecimento de todas as verdades importantes: será que a inteligência só existe enquanto não tiver alcançado seu objetivo? Será que os frutos da vitória morrem justamente quando a vitória é completa?

Não afirmo semelhante coisa. Na medida em que a humanidade progride, o número de doutrinas que não são mais discutidas ou questionadas aumentará, e o bem-estar da humanidade quase que pode ser medido pelo número e pela importância das verdades que alcançaram o ponto de serem incontestáveis. O esgotamento, numa questão depois da outra, de controvérsias sérias é um dos incidentes necessários para a consolidação da opinião; uma consolidação tão salutar no caso das opiniões verdadeiras quanto perigosa e ruim quando as opiniões são errôneas. Mas, apesar do estreitamento gradual dos limites da diversidade de opiniões ser necessário nos dois sentidos do termo, sendo ao mesmo tempo inevitável e indispensável, não somos obrigados a concluir que todas as consequências devem ser benéficas. A perda de tão importante ajuda para uma apreensão vívida e inteligente de uma verdade, tal como é proporcionada pela necessidade de explicá-la ou de defendê-la contra seus oponentes, apesar de não ser suficiente para anulá-lo, não deixa de ser um importante recuo do benefício do seu reconhecimento universal. Onde essa vantagem não pode mais existir, confesso que gostaria de ver os professores da humanidade procurarem encontrar um substituto para ela; algum esquema para tornar as dificuldades da questão tão presentes para a consciência do aprendiz como se elas estivessem sendo apresentadas para ele por um dissidente de escol, que almeje a sua conversão.

Mas ao invés de procurar esquemas com esse propósito, perderam-se os que se tinha antes. As dialéticas socráticas, tão magnificamente exemplificadas nos diálogos de Platão, foram um esquema desse tipo. Elas eram essencialmente uma discussão negativa das grandes questões da filosofia e da vida, dirigida, com habilidade consumada, ao propósito de convencer qualquer um que tenha adotado os lugares-comuns das opiniões, que ele não entende do assunto — que ele ainda não conseguiu dar um sentido definido para as doutrinas que professa, para que, ao se tornar cônscio de sua ignorância, ele possa ser colocado no caminho para alcançar uma crença estável, que repouse tanto na apreensão do significado da doutrina quanto de suas evidências. As disputas escolásticas da Idade Média tinham um objetivo de algum modo semelhante. Elas intentavam fazer com que o pupilo entendesse a sua opinião e (numa correlação necessária) a opinião oposta a ela, e que pudesse reforçar o terreno de uma e confundisse o da outra. Esses debates tinham um defeito incurável, já que as premissas utilizadas eram tiradas da autoridade, e não da razão, e como uma disciplina da mente eram muito inferiores às poderosas dialéticas que formavam os intelectos dos *Socratici viri*,[10] mas a mente moderna deve a ambas muito

[10] "Varões socráticos", expressão de Cícero. [N.T.]

mais do que geralmente quer admitir, e os atuais modos de educação nada apresentam que no mais ínfimo grau supre o lugar seja de uma seja de outra. Uma pessoa que obtenha toda sua instrução de professores ou de livros, mesmo que escape da grande tentação de se contentar com bobagens, não está compelido a ouvir ambos os lados, e justamente por isso está longe de ser um atributo frequente, mesmo entre pensadores, conhecer ambos os lados de uma questão, e a parte mais frágil do que todo mundo diz em defesa de suas opiniões é o que se pretende ser uma resposta aos antagonistas. É a moda dos tempos atuais desprezarem a lógica negativa — aquela que aponta as fraquezas da teoria e os erros da prática, sem estabelecer verdades positivas. Tal crítica negativa seria de fato por demais pobre como resultado final, mas como um meio para se conseguir um conhecimento positivo ou convicção digna deste nome, ela não pode ser valorizada em excesso; e, até que as pessoas estejam plenamente treinadas nela, haverá muitos poucos pensadores de monta, e um baixo grau geral do intelecto, exceto nos departamentos de especulação física e matemática. Em qualquer outro assunto, a opinião de alguém não merece o nome de conhecimento, exceto se a essa pessoa tal conhecimento foi imposto por outros, ou passou ela própria o processo mental que lhe seria exigido para que pudesse levar adiante uma ativa controvérsia com um oponente. O que, portanto, quando ausente, é tão indispensável, mas tão difícil, de criar, é pior do que absurdo deixar de lado quando se apresenta espontaneamente por si mesmo! Se houver alguém que conteste a opinião recebida, ou que o faria se a lei ou a opinião permitisse, devemos agradecer-lhe por isso, abrir nossas mentes para ouvi-lo, e nos alegrar que haja alguém que faça por nós o que nós deveríamos, se tivesse alguma consideração pela certeza ou pela vitalidade de nossas convicções, cumprir por nós mesmos com muito mais trabalho. Falta ainda falar de uma das principais causas que torna a diversidade de opiniões vantajosa. E que continuará a fazê-lo até que a humanidade entre num estágio de avanço intelectual que no presente parece estar a uma incalculável distância. Temos até aqui considerado duas possibilidades, a de que a opinião recebida possa ser falsa, e que haja outra opinião consequentemente verdadeira; ou que a opinião recebida seja verdadeira, e um conflito com o erro oposto torna-se então essencial para uma clara apreensão e um sentimento profundo de sua verdade. Mas existe um caso mais comum do que esses; o de que as doutrinas conflitantes, ao invés de ser uma verdadeira e a outra falsa, compartilham a verdade entre elas, e que a opinião não conformista seja necessária para suprir o restante da verdade, da qual a opinião recebida corporifica apenas uma parte. As opiniões populares, em assuntos não palpáveis aos sentidos, são frequentemente verdadeiras, mas dificilmente ou nunca apresentam a verdade completa. Elas são parte da verdade, às vezes uma grande, outras uma pequena parte, mas exagerada, distorcida e separada das verdades que deveriam acompanhá-la e limitá-la. As opiniões heréticas, por outro lado, geralmente fazem parte das verdades suprimidas ou negligenciadas, tentando arrebentar as amarras que as seguram e procurando a reconciliação com a verdade contida na opinião comum, ou enfrentando esta como inimiga, e se apresentando, com exclusividade semelhante, como a verdade completa. Esse último caso é o mais frequente, já que na mente humana o lado único tem sido a regra, e o multifacetado a exceção. Sendo assim, mesmo nas revoluções de opinião, uma parte da verdade normalmente esconde-se, enquanto outra aparece. Mesmo o progresso, que deveria adicionar, na maior parte das vezes apenas substitui uma verdade parcial e incompleta por outra, a melhoria consistindo principalmente nisso, a de que o novo fragmento da verdade é mais desejado, mais adaptado às necessidades da época, do que aquele que ele substitui. Sendo o caráter parcial das opiniões prevalecentes, mesmo que se fundamentando em bases verdadeiras, cada opinião que encarne alguma parte da verdade que a opinião comum omite deve ser considerada preciosa, seja qual for o grau de erro e confusão com que aquela verdade possa estar misturada. Nenhum juiz sóbrio dos assuntos humanos se sentirá obrigado a indignar-se porque aqueles que nos forçam a prestar atenção sobre o que poderíamos não notar também deixam de notar algumas das verdades que percebemos. Ao contrário, ele pensará que enquanto a verdade popular tiver apenas um lado, é mais desejável do que não desejável que a verdade impopular tenha também os seus defensores unilaterais; esses sendo normalmente os mais enérgicos, e que provavelmente conseguirão que se preste atenção relutante ao fragmento da sabedoria que eles anunciam como se fosse toda a sabedoria.

Assim, no século XVIII, quando quase todas as pessoas instruídas, e todas aquelas que não o eram, mas que as instruídas lideravam, ficaram perdidas na admiração ao que se chama de civilização, e nas maravilhas da ciência moderna, da literatura e filosofia e, enquanto exageravam as diferenças entre os homens dos tempos modernos e aqueles dos tempos antigos, indulgiam-se na crença de que, no seu todo, a diferença estava a seu favor; com que choque salutar os paradoxos de Rousseau explodiram como petardos no seu meio, deslocando a massa compacta de opinião rasteira, forçando seus elementos a se recombinar numa forma melhor e com ingredientes adicionais. Não que as opiniões então correntes estivessem no seu todo mais longe da verdade do que as de Rousseau estavam, pelo contrário, elas estavam mais perto dela, contendo mais da verdade positiva, e muito menos erros. Não obstante, jaziam na doutrina de Rousseau, e desapareceram na corrente da opinião popular juntamente com esta, uma considerável quantidade de verdades que eram exatamente o que a opinião popular necessitava, e esses foram os depósitos deixados para trás quando a enchente baixou. O valor superior da vida simples, os efeitos enervantes e desmoralizantes dos obstáculos e hipocrisias da sociedade artificial, são ideias que nunca estiveram inteiramente ausentes das mentes cultivadas desde que Rousseau escreveu, e elas, no seu devido tempo, produzirão o efeito esperado, apesar de atualmente precisarem ser afirmadas tanto quanto sempre, e afirmadas por atos, pois as palavras, sobre este assunto, perderam quase que completamente o seu poder.

Na política, que é quase um lugar-comum, há um partido da ordem e estabilidade, e um partido do progresso ou reforma, sendo ambos os elementos necessários para um estado saudável da vida política, até que um ou outro tenha alargado de tal modo sua capacidade de compreensão mental de forma a ser igualmente o partido da ordem e do progresso, sabendo e distinguindo o que deve ser preservado daquilo que deve ser jogado fora. Cada um desses modos de pensar deriva sua utilidade das deficiências do outro, mas é em grande medida a oposição mútua que os confinam dentro dos limites da razão e da sanidade. A menos que as opiniões favoráveis à democracia e aristocracia, à propriedade e à igualdade, à cooperação e à competição, ao luxo e à abstinência, à sociabilidade e à individualidade, à liberdade e à disciplina, e todos os outros antagonismos da vida prática, sejam expressas com igual liberdade, e propostas e defendidas com igual talento e energia, não há nenhuma chance de ambos os elementos obterem o que lhes é devido, uma escala certamente subirá enquanto a outra descerá. A verdade, nas grandes preocupações práticas da vida, é, em grande parte, uma questão de reconciliar e combinar opostos, e muito poucos têm mentes suficientemente amplas e imparciais para fazer esses ajustes de forma correta, e eles então têm de ser feitos pelo duro processo de uma luta entre combatentes que estão sob bandeiras inimigas. Em qualquer das questões recém-enumeradas, se alguma das duas opiniões puder, melhor do que a outra, não ser meramente tolerada, mas sim ser encorajada e sustentada, é aquela que acontece estar num determinado tempo e lugar na posição de minoria. Esta é a opinião que representa, por algum tempo, os interesses negligenciados, o lado do bem-estar humano que corre o perigo de obter menos do que deveria ser a sua parte. Estou cônscio de que não há neste país nenhuma intolerância a diferenças de opinião a respeito desses tópicos. Eles estão sendo mencionados para mostrar, por exemplos múltiplos e conhecidos, a universalidade do fato de que somente através da diversidade de opiniões há, no atual estado do intelecto humano, uma chance de equanimidade para todas as faces da verdade. Quando se pode encontrar pessoas que formam uma exceção à aparente unanimidade do mundo sobre um assunto, mesmo que o mundo esteja certo, será sempre provável que os dissidentes tenham algo para dizer que valha a pena ouvir, e que a verdade perdesse algo com o silêncio deles.

Pode ser objetado: "Mas alguns princípios recebidos, especialmente sobre os assuntos mais elevados e vitais, são mais do que meia-verdade. A moralidade cristã, por exemplo, é a verdade completa nesse campo, e se alguém ensina uma moralidade que esteja em discordância com a cristã, essa pessoa está completamente errada." Como este é, de todos os casos, o mais importante, nenhum é mais adequado para testar a máxima geral. Mas antes de dizer o que a moralidade cristã é ou não é, seria desejável decidir o que se quer dizer por moralidade cristã. Se quer significar a moralidade do Novo Testamento, imagino como é que alguém que retire seu conhecimento do próprio livro pode supor que ele foi anunciado ou intentado como uma doutrina moral completa. Os Evangelhos sempre se referem a uma moralidade pré-existente, e limitam seus preceitos para casos particulares nos quais aquela moralidade tinha que ser corrigida, ou superada, por outra moralidade mais ampla e elevada; além disso, expressando-se em termos bem gerais, muitas vezes impossíveis de serem interpretados literalmente, e possuindo mais a força expressiva da poesia ou eloquência do que a precisão da legislação. Extrair deles um corpo de doutrinas éticas nunca foi possível sem retirá-las do Velho Testamento, isto é, de um sistema de fato elaborado, mas em vários aspectos bárbaro, e destinado apenas a um povo bárbaro. São Paulo, um inimigo declarado deste modo judaico de interpretar a doutrina e preencher com ela o esquema de seu Mestre, da mesma forma também possuía uma moralidade pré-existente, a saber, a dos gregos e romanos; e as suas recomendações aos cristãos, são, em grande medida, um sistema de acomodação com essa moralidade, chegando mesmo a aparentemente sancionar a escravidão. O que é chamado de moralidade cristã, mas que deveria ser denominado moralidade "teológica", não foi obra de Cristo ou dos apóstolos, mas teve uma origem muito posterior, tendo sido montada pela igreja católica em seus primeiros cinco séculos e, apesar de não ter sido implicitamente adotada pelos modernos e protestantes, foi muito menos modificada do que se poderia esperar. Esses últimos se contentaram, na verdade, em cortar fora as adições que tinham sido introduzidas na Idade Média, cada seita pondo no lugar das que foram retiradas outras novas, adaptadas às suas características e tendências. Que a humanidade deva muito a esta moralidade, e aos primeiros que a ensinaram, eu seria o último a negar, mas não tenho escrúpulos em afirmar que ela é, em muitos pontos, incompleta e unilateral, e que se ideias e sentimentos que ela não sanciona não tivessem contribuído para a formação da vida europeia, os assuntos humanos estariam hoje num estado muito pior do que estão. A assim chamada moralidade cristã tem todas as características de uma reação, sendo, em grande parte, um protesto contra o paganismo. Seu ideal é negativo, mais do que positivo, passivo mais do que ativo; inocência ao invés de nobreza; abstinência do mal ao invés de uma enérgica busca do bem; em seus preceitos (como foi corretamente afirmado), o "tu não o farás" predomina de forma indevida sobre o "tu o farás". No seu horror da sensualidade, ela fez do ascetismo um ídolo, que foi gradualmente transformado em um da legalidade. Ela aponta a esperança pelos céus e as ameaças do inferno como os motivos apropriados para uma vida virtuosa: isso é estar muito abaixo do que melhor tinha a Antiguidade, e fazer o que ela indica torna a moralidade humana egoísta, ao separar os sentimentos humanos sobre o dever dos interesses das outras pessoas, exceto na medida em que o interesse de uma tenha um interesse induzido por razões egoístas nas outras pessoas. Essencialmente, esta é uma doutrina de obediência passiva, que inculca a submissão a todas as autoridades constituídas, que não devem ser, é claro, obedecidas quando ordenarem que se faça algo que a religião proíba, mas contra as quais não se deve oferecer resistência, e muito menos rebelar-se, não importando a quantidade de males que cometam contra nós. E enquanto na moralidade das melhores nações pagãs, o dever para com o Estado tinha até um lugar desproporcional, que infringia a liberdade do indivíduo, na ética puramente cristã, aquela grande divisão do dever mal é notada ou reconhecida. É no Corão, e não no Novo Testamento, que lemos a máxima "Um governante que aponta um homem qualquer para um cargo, quando em seus domínios há um outro homem mais bem qualificado do que ele, peca contra Deus e contra o Estado". O pouco reconhecimento que a ideia da obrigação para com o bem público consegue na moralidade moderna é derivado de fontes gregas e romanas, não de fontes cristãs; assim como o que quer que exista, na moralidade da vida privada, em termos de magnanimidade, abertura, dignidade pessoal, e mesmo o senso de honradez, advém da parcela puramente humana da nossa educação, e não da religiosa, e nunca poderia ter crescido de um padrão ético no qual a única coisa que vale, tal como é abertamente reconhecido, é a obediência.

Estou longe de pretender que esses defeitos necessariamente são inerentes à ética cristã, em todas as maneiras em que esta pode ser concebida, ou que muitos dos requisitos de uma doutrina moral completa, que essa ética não contém, são irreconciliáveis com ela. Menos ainda insinuaria algo semelhante sobre as doutrinas e preceitos do próprio Cristo. Creio que os ensinamentos de Cristo são, como os entendo, tudo o que se esperava que fossem; não são inconciliáveis com nada que uma moralidade mais ampla requeira; que tudo que é excelente na ética pode ser trazido até esses ensinamentos, sem maior violência à sua linguagem que a praticada por aqueles que tentaram deduzir desses ensinamentos um sistema de conduta prática, qualquer que ele fosse. Mas é perfeitamente consistente com isso acreditar que eles contêm, e assim foi intentado que fosse, apenas uma parte da verdade; que muitos elementos essenciais de uma moralidade mais elevada estão entre as coisas que os pronunciamentos registrados do fundador do Cristianismo não apresentam, e nem se deveria esperar que o fizessem, e que foram postos de lado no sistema de ética construído com base naqueles pronunciamentos pela Igreja Cristã. E sendo assim, penso que é um grande erro persistir nas tentativas de encontrar dentro da doutrina cristã uma regra completa para nos guiar, algo que seus autores queriam sancionar e fazer valer, mas que somente em parte poderia ser feito. Creio também que essa teoria estreita está se tornando um grande mal prático, o que faz perder muito o valor do treinamento e instrução morais que muitas pessoas bem intencionadas agora estão se esforçando para promover. Temo muito que ao se tentar formar a mente e os sentimentos de um modo totalmente religioso, descartando os padrões seculares (como na falta de um nome melhor podem ser chamados) que até aqui coexistiram com a ética cristã, e a suplementaram, recebendo algo do espírito dela, e infundindo nesta algo do seu, o resultado será, o que já está acontecendo agora, a formação de um tipo de caráter baixo, abjeto, servil, que submetendo-se o quanto puder ao que parece ordenar a Vontade Suprema, será incapaz de se elevar à concepção, ou mesmo de simpatizar com ela, da Suprema Bondade. Creio que outras éticas, além daquelas que possam ser retiradas exclusivamente das fontes cristãs, devem existir lado a lado com a ética cristã, para que aconteça uma regeneração moral da humanidade, e que o sistema cristão não forma uma exceção à regra de que, num estado imperfeito da mente humana, os interesses da verdade exigem a diversidade de opiniões. Não é necessário que, ao se deixar de ignorar as verdades morais que não estejam incluídas no Cristianismo, se deva ignorar qualquer uma que o Cristianismo contenha. Um preconceito assim, ou esquecimento, quando ocorre é um mal, mas é um daqueles de que não se pode esperar que estejamos sempre isentos, e que deve ser encarado como o preço a ser pago por um bem inestimável. A pretensão exclusiva de parte da verdade ser o todo deve ser rejeitada, e se um impulso de reação venha a tornar os que resistem injustos por sua vez, essa unilateralidade, como a outra, deve ser lamentada, mas também tolerada. Se os cristãos querem ensinar os infiéis a serem justos com o cristianismo, eles deveriam ser justos com os infiéis. Não é um serviço para a verdade tentar ocultar o fato, conhecido por todos aqueles que tem um conhecimento o mais ordinário da história literária, que uma enorme porção dos mais valiosos e nobres ensinamentos morais foram obras de homens que não desconheciam a fé Cristã, mas que a conheceram e a rejeitaram.

Não sustento que o uso absolutamente indiscriminado da liberdade de se enunciar qualquer opinião possível venha a por um fim aos males do sectarismo religioso e filosófico. Toda verdade da qual os homens de menor capacidade estejam convencidos certamente será expressa, inculcada, e de muitos modos levará a ações, como se nenhuma outra verdade existisse no mundo ou que, pelo menos, se alguma outra existisse, não poderia de forma nenhuma limitar ou qualificar a primeira verdade. Reconheço que a tendência de todas as opiniões de se tornarem sectárias não é curada pelas mais livres das discussões, mas frequentemente exacerbada por elas; a verdade que deveria ter sido, mas não o foi, vista, sendo rejeitada de forma ainda mais violenta pois foi expressa por pessoas tidas como oponentes. Mas não é sobre o apaixonado partidário, mas sim sobre o mais calmo e mais desinteressado ouvinte que a colisão de opiniões alcança um efeito benéfico. Não o conflito violento entre partes da verdade, mas sim a silenciosa supressão de metade dela, é que é o mal mais formidável; sempre há esperança quando as pessoas são forçadas a ouvir ambos os lados; somente quando prestam atenção a um lado apenas é que os erros se enrijecem em preconceitos, e a própria verdade deixa de ter o efeito da verdade, ao ser inflada por falsidades. E desde que há poucos atributos mentais mais raros do que a faculdade judicativa que pode realizar um julgamento inteligente entre os dois lados de uma questão, das quais apenas uma está representada por uma advogado diante dela, a verdade não tem possibilidades exceto na proporção em que cada lado dela, cada opinião que carregue em si uma fração da verdade, não somente encontre defensores, mas seja defendida de forma a ser ouvida. Reconhecemos a necessidade para o bem-estar mental da humanidade (do qual todos os outros bens dependem) da liberdade de opinião e liberdade de expressão das opiniões, por quatro motivos distintos, que agora recapitularemos.

Primeiro, que se alguma opinião é induzida ao silêncio, essa opinião pode, por tudo o que podemos saber, ser verdadeira. Negar isso é assumir a nossa própria infalibilidade.

Em segundo lugar, apesar da opinião silenciada ser um erro, ela pode, e muitas vezes acontece, conter uma parte da verdade, e desde que a opinião geral ou prevalecente sobre qualquer assunto raramente ou nunca é a verdade completa, é apenas pela colisão de opiniões adversas que o que falta da verdade pode aparecer.

Em terceiro, mesmo se a opinião recebida não for somente verdadeira, mas for toda a verdade, a menos que se permita que ela seja, vigorosa e sinceramente, contestada, ela será, por muitos que a recebem, sustentada como se fosse um preconceito, com pouca compreensão e sentimento sobre seus fundamentos racionais. Não somente isso, mas, e em quarto lugar, o significado mesmo da doutrina correrá o risco de perder-se, ou de se enfraquecer, privado de seus efeitos vitais no caráter e nas ações: o dogma se torna uma profissão de fé meramente formal, ineficaz para o bem. E atulha ainda mais o solo, impedindo o crescimento de alguma convicção real e sinceramente sentida, vinda da razão ou da experiência pessoal.

Antes de deixarmos de lado o assunto da liberdade de opinião, é adequado prestar alguma atenção naqueles que dizem que a livre expressão de todas as opiniões deve ser permitida, sob a condição de que a maneira de sua expressão seja temperada, não ultrapassando os limites de uma discussão bem educada. Muito poderia ser dito sobre a impossibilidade de se saber onde esses limites deveriam ser postos; pois se o teste for a ofensa para com aqueles cuja opinião estiver sob ataque, penso que a experiência mostra que a ofensa é feita sempre que o ataque for forte e persuasivo, e que cada oponente que insiste com energia, e diante do qual os defensores encontram-se em dificuldades para responder aos ataques, aparece a esses últimos, se o oponente mostra algum forte sentimento sobre o assunto, como alguém destemperado. Mas esta objeção, apesar de ser de considerável importância de um ponto de vista prático, se mescla com uma objeção mais fundamental. Sem dúvida, a maneira de se afirmar uma opinião, mesmo uma verdadeira, pode ser objetável, e pode incorrer em justas e severas censuras. Mas as ofensas maiores deste tipo são de tal forma que, exceto por uma autotraição acidental, acaba sendo impossível conseguir condená-las. A mais grave delas é discutir de forma sofística, suprimindo fatos ou argumentos, apresentar de forma equivocada os elementos do caso, e apresentar a opinião contrária injustamente. Mas tudo isso, chegando ao mais alto nível, é feito continuadamente em perfeita boa-fé, por pessoas que não são consideradas, e que em muitos outros respeitos podem não merecer ser assim consideradas, ignorantes ou incompetentes, que dificilmente será possível, sobre bases adequadas, carimbar a não-representação como algo moralmente culpável; e menos ainda poderia a lei querer se imiscuir nesse tipo de controversa má-conduta. A respeito do que se chama comumente de discussão intemperada, a saber, invectivas, sarcasmos, argumentos de cunho pessoal e assim por diante, a denúncia dessas armas poderia arranjar mais simpatias se alguma vez fosse proposto proibi-las de forma igual para ambos os lados; mas o que se quer mesmo é restringir o seu uso apenas contra a opinião prevalecente: contra aquelas que estão por baixo o seu uso não só não encontra nenhuma objeção generalizada, como ainda por cima aquele que as utilizar receberá o elogio de possuir um zelo honesto e uma justa indignação. Quaisquer que sejam os malefícios que surjam de seus usos, o maior deles ocorre quando são empregados contra aqueles que, comparativamente, não possuem nenhuma defesa; e qualquer que seja a vantagem injusta que possa obter uma opinião ao usar esses métodos, o ganho é quase que exclusivo das opiniões recebidas. A maior ofensa deste tipo que pode ser cometida por um polemista é estigmatizar aqueles que defendem a opinião contrária como pessoas más e imorais. A calúnias deste tipo aqueles que sustentam opiniões impopulares estão particularmente sujeitos, porque, de modo geral, eles são poucos e não tem nenhuma influência, e ninguém mais, além deles mesmos, tem interesse que a justiça lhes seja concedida; mas essa arma é, pela natureza do caso, negada àqueles que atacam as opiniões prevalecentes: eles não a podem usar com segurança e, mesmo que pudessem, ela se voltaria contra eles próprios. De modo geral, as opiniões contrárias às comumente recebidas somente vem a ser ouvidas se apresentadas com uma linguagem moderada, e evitando-se cautelosamente a utilização de ofensas desnecessárias, e disso não se pode desviar o menor grau sequer, sob pena de se perder terreno: enquanto que as vituperações desmedidas empregadas pelo lado da opinião prevalecente de fato impedem que pessoas professem opiniões contrárias, e até que ouçam aqueles que o fazem. Portanto, em interesse da verdade e da justiça, é muito mais importante que se restrinja o uso de uma linguagem vituperativa desse lado do que do outro e se, por exemplo, se fosse necessário escolher, seria muito mais necessário se desencorajar ataques ofensivos contra a infidelidade do que contra a religião. No entanto, é óbvio que a lei e as autoridades nada tem a fazer nesse caso, enquanto que a opinião deve, em cada instância, determinar o seu veredito de acordo com as circunstâncias de cada indivíduo; condenando quem quer que, não importando o lado do argumento que esteja, mostre falta de respeito ao advogar sua causa mostre falta de respeito, ou malignidade, fanatismo ou intolerância; mas não deduzindo que esses vícios advenham da parte contrária a nós da questão; e concedendo honras meritosas a qualquer um, não importando as opiniões que tenha, que tenha a tranquilidade para ver e a honestidade para mostrar como seus oponentes, e as opiniões destes, realmente são, não exagerando nada para desacreditá-los, e nada escondendo que possa ser visto como sendo favorável a eles. Está é a real moralidade da discussão pública: e se frequentemente violada, fico feliz em pensar que muitos debatedores as observam em grande parte, e que um número ainda maior, de forma consciente, se esforça na sua direção.

DA INDIVIDUALIDADE COMO UMA DAS FORMAS DE BEM-ESTAR

Sendo essas as razões que tornam imperativo que os seres humanos devam ser livres para formar opiniões, e para expressá-las sem reservas, e sendo essas as danosas consequências para a natureza moral do homem, a menos que esta liberdade seja concedida, ou restaurada a despeito da proibição, vamos agora examinar se as mesmas razões não requerem que os homens devam ser livres para agir de acordo com suas opiniões — para mantê-las em suas vidas, sem impedimentos físicos ou morais, causados pelos seus companheiros, desde que o risco seja por sua própria conta. Essa última cláusula é evidentemente indispensável. Ninguém acha que as ações devam ser tão livres quanto as opiniões. Ao contrário, mesmo as opiniões perdem suas imunidades quando as condições em que são expressas são tais que exprimi-las leva a uma instigação de algum ato maléfico. A opinião de que os comerciantes de grãos deixam o povo passar fome, ou de que a propriedade é um roubo, pode permanecer sem ser molestada enquanto apenas circular pela imprensa, mas pode incorrer numa justa punição se pronunciada diante de uma multidão excitada aglomerada em frente à casa de um comerciante de grãos, ou quando oferecidas à mesma multidão por meio de um cartaz. Atos que de uma maneira qualquer e sem causa justificável causam danos a outras pessoas podem ser — e nos casos mais importantes é imperativo que o sejam — controlados por sentimentos que lhes são desfavoráveis e, quando tal for necessário, pela interferência ativa da humanidade. A liberdade do indivíduo deve ser limitada dessa maneira; ele não deve tornar a si mesmo um problema para as outras pessoas. Mas se ele não molesta os outros nas coisas que lhes interessam, e meramente age de acordo com a sua própria inclinação e julgamento nas coisas que lhe dizem respeito, então as razões dadas anteriormente, que demonstram que a opinião deve ser livre, mostram também que ao indivíduo deve ser permitido, irrestritamente, colocar as suas opiniões em prática, sob sua própria responsabilidade. Que a humanidade não seja infalível, que as suas verdades, na maior parte, sejam somente meias-verdades, que a unidade de opinião, a menos que o resultado da mais ampla e livre comparação de opiniões diferentes, não seja desejável, e que a diversidade não seja um mal, mas um bem, até que a humanidade seja mais capaz de reconhecer do que agora o faz todos os lados da verdade; esses são princípios aplicáveis aos modos de ação dos homens, não menos do que às suas opiniões. Assim como é útil que enquanto a humanidade for imperfeita haja diferentes opiniões, assim também devem ser diferentes as experiências da vida; que deva ser dado livre raio de ação às personalidades variadas, exceto no caso de danos aos outros; e que o valor de diferentes modos de vida devam ser comprovados na prática, quando alguém pensar que é capaz de testá-los. Em suma, é desejável que a individualidade possa se afirmar nas coisas que não interessam aos outros de forma cabal. Ali onde não é o caráter próprio da pessoa, mas sim as tradições ou os costumes dos outros que formam as regras de conduta, ali falta um dos principais ingredientes da felicidade humana e o principal ingrediente do progresso individual e social.

Para manter esse princípio, a maior dificuldade que será encontrada não estará na apreciação dos meios que levariam a um resultado reconhecido, mas na indiferença em geral das pessoas com o próprio resultado. Se for sentido que o livre desenvolvimento da individualidade é um dos principais componentes do bem-estar; que ele não é apenas um elemento coordenado com tudo aquilo que é designado pelos termos civilização, instrução, educação e cultura, mas que é uma parcela necessária e uma condição para todas essas coisas, então não deveria haver perigo de que a liberdade pudesse ser desvalorizada, e o ajuste dos limites entre ela e o controle social não deveria apresentar nenhuma dificuldade extraordinária. Mas o ruim é que a espontaneidade individual raramente é reconhecida pelos modos comuns de pensamento como dotada de valor intrínseco ou merecedora de alguma atenção por si mesma. Estando a maioria satisfeita com os modos da humanidade tais como eles são agora (já que ela é que os faz como são), ela não pode compreender por que esses modos não podem ser bons para todos; além disso, a espontaneidade não faz parte do ideal da maioria dos reformadores sociais e morais, pelo contrário, ela é vista com inveja, como uma obstrução problemática e talvez rebelde à aceitação daquilo que esses reformadores, no seu julgamento, pensam que é o melhor para a humanidade. Poucas pessoas, mesmo fora da Alemanha, compreenderam o significado da doutrina que Wilhelm Von Humboldt, tão eminente como *savant* quanto como político, expõe no texto de um tratado — que "o objetivo do homem, o que é prescrito pelos eternos e imutáveis ditames da razão, e não é sugerido por vagos e passageiros

DA INDIVIDUALIDADE

desejos, é um maior e mais harmonioso desenvolvimento de seus poderes, até que cheguem a um todo completo e consistente", e que, portanto, o objetivo "para o qual cada ser humano deve dirigir incessantemente os seus esforços, e para o qual especialmente aqueles que querem influenciar os outros devem estar alertas, é a individualidade do poder e desenvolvimento"; e para tal existem dois requisitos, "a liberdade e uma variedade de situações"; e da união desses surge "o vigor individual e a múltipla diversidade", que se combinam na "originalidade".[1]

No entanto, por pouco que as pessoas possam estar acostumadas com uma doutrina como a de Von Humboldt, e por mais surpreendente que possa ser para elas encontrar um valor tão elevado sendo atribuído à individualidade, a questão, deve-se pensar assim, é apenas uma questão de grau. Não há ninguém que possua uma ideia de excelência na conduta que afirme que as pessoas não devem fazer nada além de copiar umas às outras. Ninguém afirmaria que as pessoas não devem pôr, no seu modo de vida e na condução de seus negócios, marca nenhuma de seus julgamentos próprios ou de seus caracteres individuais. Por outro lado, seria absurdo pretender que as pessoas devem viver como se nada tivesse sido conhecido no mundo antes de aparecerem nele; é como se a experiência nunca tivesse mostrado que um modo de existência ou de conduta é preferível a outro. Ninguém nega que as pessoas devem ser ensinadas e treinadas na juventude, de forma a conhecer e poder se beneficiar dos reconhecidos resultados da experiência humana. Mas é um privilégio do ser humano e a sua própria

---

[1] *The Spheres and Duties of Government*, translated from the german of Baron Wilhelm von Humboldt by Joseph Coulthard. Londres: John Chapman, pp. 11-13. [N.A.]

condição, tendo atingido a maturidade de suas faculdades, usar e interpretar a experiência à sua própria maneira. Cabe a ele descobrir qual parte da experiência recolhida é aplicável às suas próprias circunstâncias e caráter. As tradições e os costumes dos outros são, até certo ponto, evidências do que a experiência ensinou a *eles*; evidências presuntivas e que, como tais, possuem certa qualificação para serem ouvidas; contudo, em primeiro lugar, a experiência deles pode ser muito estreita, ou eles podem não tê-la interpretado da forma correta. Em segundo lugar, a interpretação deles pode ser correta, mas inadequada para outras pessoas. Costumes adequados foram feitos para circunstâncias costumeiras e caracteres comuns, e as suas circunstâncias ou o seu caráter podem não ser comuns. Em terceiro, apesar dos costumes poderem ser bons como costumes e adequados a uma determinada pessoa, ainda assim se conformando com um costume somente *por ser* um costume, ele não a educa ou desenvolve nela quaisquer das qualidades que são as prerrogativas distintas de um ser humano. As faculdades humanas da percepção, do julgamento, do sentimento discriminativo e mesmo da preferência moral só podem ser exercidas quando se faz uma escolha. Aquele que faz algo só porque assim é o costume, não faz uma escolha. Ele não aumenta a sua prática, seja para discernir seja desejar o que é o melhor. O mental e o moral, tal como os poderes dos músculos, são aprimorados apenas quando usados. As faculdades não são usadas quando se faz algo meramente por que outros o fazem do mesmo jeito, não mais do que quando se acredita em algo por que outras pessoas também acreditam no mesmo. Se os fundamentos de uma opinião não são conclusivos para a razão de uma pessoa, a razão dela não sairá fortalecida, mas muito provavelmente ficará mais fraca, quando tal motivo é aceito; e se os incentivos para agir assim não forem concordantes com os sentimentos e o caráter dessa pessoa (isso quando os afetos ou os direitos dos outros não estiverem em questão), então tudo isso tornará seus sentimentos e caráter inertes e túrpidos, ao invés de ativos e energéticos.

Aquele que permite ao mundo, ou à parte dele onde lhe coube viver, que escolha seu plano de vida não necessita de nenhuma outra faculdade que a da imitação de tipo simiesca. Aquele que escolhe o plano por si mesmo emprega todas as suas faculdades. Ele deve usar a observação para ver, o raciocínio e o julgamento para prever, a discriminação para decidir e, quando tiver decidido, firmeza e autocontrole para manter a decisão tomada. Essas qualidades são requeridas e utilizadas exatamente em proporção com as partes de sua conduta determinadas por ele de acordo com o seu julgamento e sentimento, e que são muitas. É possível que ele seja guiado por um bom caminho, a salvo de preocupações, sem que nada disso seja necessário. Mas qual seria o seu valor comparativo como ser humano? É realmente importante não só o que os homens fazem, mas também que tipo de homens eles são para fazê-lo. Dentre as obras humanas em que a vida é corretamente empregada para o aperfeiçoamento e embelezamento, certamente a primeira em importância é o próprio homem. Suponha-se que fosse possível conseguir que casas fossem construídas, os cereais crescessem, as batalhas travadas, causas julgadas, e mesmo igrejas erguidas e orações oferecidas por máquinas — por autômatos de forma humana —, seria uma perda considerável se trocar esses autômatos pelos homens e mulheres que atualmente habitam as partes mais civilizadas do mundo, e que seguramente são espécimes mais débeis do que a natureza pode e irá produzir. A natureza humana não é uma máquina a ser construída segundo um plano e posta para cumprir uma tarefa específica para ela; ela é como uma árvore que necessita crescer e se desenvolver por si mesma para todos os lados, de acordo com a tendência das forças internas que fazem dela uma coisa viva.

É provável que se admita que é desejável que as pessoas exercitem seu entendimento, e que uma adesão inteligente ao costume, ou mesmo, ocasionalmente, um desvio inteligente do costume, é melhor do que uma adesão cega e simplesmente mecânica. Em certa medida, admite-se que o nosso entendimento deve ser particular, mas não há a mesma disposição para admitir que nossos desejos e impulsos devem ser também particulares; ou que possuir impulsos particulares, seja qual for sua força, é algo que não uma armadilha e um perigo. Ora, desejos e impulsos são parte de um ser humano perfeito tanto quanto suas crenças e restrições, e impulsos fortes só são perigosos quando não forem devidamente equilibrados; ou quando um conjunto de objetivos e inclinações é desenvolvido abundantemente, enquanto outros, com que deviam coexistir, continuam fracos e inativos. Não é porque os desejos dos homens são fortes que eles agem mal, é porque suas consciências são fracas. Não há conexão natural entre os impulsos fortes e a consciência fraca. A conexão natural é o contrário disso. Dizer que os desejos e sentimentos de uma pessoa são mais fortes e mais variados do que os de outra, é apenas dizer que ela tem mais matéria-prima humana, e portanto é mais capaz, talvez, de mais mal, mas certamente, de mais bem. Impulsos fortes são apenas outro nome para a energia. A energia pode ser aplicada de modos ruins; mas sempre pode ser feito mais bem por uma natureza energética do que por uma indolente e impassível. Aqueles que têm o sentimento mais natural, são sempre aqueles cujos sentimentos cultivados podem ser os mais fortes. As mesmas fortes susceptibilidades que fazem os impulsos pessoais mais vivos e poderosos, são também a fonte geradora do mais apaixonado amor pela virtude, e dos mais severos mecanismos de autocontrole. É através do incentivo a eles que a sociedade faz o seu dever e protege os seus interesses: sem rejeitar o material de que os heróis são feitos, porque não sabe como fazê-los. Uma pessoa cujos desejos e impulsos são particulares — são a expressão da sua própria natureza, desenvolvida e modificada por sua própria cultura — tem um caráter. Alguém cujos desejos e impulsos não são particulares, não tem mais caráter do que uma máquina a vapor. Se, além de particulares, seus impulsos são fortes, e estão sob o governo de uma vontade forte, ele tem um caráter enérgico. Quem pensa que a individualidade dos desejos e impulsos não deve ser incentivada a se desdobrar por si, deve admitir que a sociedade não precisa de naturezas fortes — o que não é o melhor para muitas pessoas que têm caracteres fortes — e que uma média geral alta de energia não é desejável.

Em alguns estados iniciais da sociedade, estas forças podem ser, e foram, muito superiores ao poder que a sociedade possuía para discipliná-las e controlá-las. Houve tempos em que o elemento da espontaneidade e individualidade era excessivo, e o princípio social teve de lutar ferozmente contra esse elemento. A dificuldade então era a de induzir homens de corpos ou mentes fortes a obedecer às regras que exigissem que eles controlassem seus impulsos. Para superar essa dificuldade, a lei e a disciplina, como na luta dos Papas contra os Imperadores,[2] quando os primeiros proclamaram ter poder sobre o homem todo, exigindo controle completo e total sobre sua vida. Foi a forma encontrada de controlar os caracteres daqueles homens, já que a sociedade não tinha encontrado outro modo que fosse capaz de controlá-los. Mas, agora, a sociedade já levou a melhor sobre a individualidade, e o perigo que ameaça a espécie humana não é o excesso, mas a falta de preferências e impulsos pessoais. As coisas mudaram muito desde quando aqueles que eram poderosos por posição ou por realizações pessoais se colocavam em conflito com as leis e os regulamentos e precisavam ser cerceados com o fito de permitir que as pessoas que estivessem ao seu alcance tivessem o mínimo de segurança. Em nossos tempos, da mais alta classe da sociedade até a mais baixa, cada um vive sob os olhares de uma censura hostil e temida. Não somente no que concerne aos outros, mas, no que concerne somente a eles, o indivíduo ou a família não se perguntam: "O que eu prefiro? O que combina melhor com meu caráter e minha disposição? O que permitiria àquilo que eu tenho de melhor em mim crescer e se expandir?" Eles se perguntam: "O que é mais adequado à minha posição? O que é normalmente feito por pessoas de minha posição e posses?", ou, o que é ainda pior, "O que é normalmente feito por pessoas de posições e circunstâncias superiores à minha?" Não quero dizer que eles escolham o que é costumeiro ao invés do que agradaria às suas verdadeiras disposições. Eles não têm nenhuma disposição, exceto por aquilo que é o costumeiro. A própria mente assim se curva ao jugo, mesmo naquilo que a pessoa faz por prazer a conformidade é a primeira

---

[2] Isto é, do Sacro Império Romano-Germânico. [N.T.]

coisa a ser levada em conta, eles gostam de coisas em conjunto, exercem suas escolhas apenas entre as coisas feitas normalmente; gostos particulares, condutas excêntricas são rejeitadas do mesmo modo que os crimes, até que, por não seguir sua própria natureza, acabam por não ter mais natureza para seguir: as suas capacidades humanas se definham e estiolam, elas se tornam incapazes de desejos fortes ou prazeres próprios e geralmente não possuem nem sentimentos nem opiniões nascidas deles mesmos. Agora, esta seria, ou não, a condição mais desejável da natureza humana?

Assim o é, para a teoria calvinista. De acordo com ela, a grande ofensa do homem é a vontade própria. Tudo de bom de que a humanidade é capaz advém da obediência. Não se tem escolha, deve-se fazer assim, e não de outra maneira: "O que quer que não seja um dever é um pecado." Sendo a natureza humana radicalmente corrupta, não poderá haver redenção para uma pessoa até que a humanidade desta seja liquidada. Para alguém que sustente essa teoria de vida, não é um mal esmagar quaisquer das faculdades, capacidades e suscetibilidades humanas: o homem não necessita de nenhuma outra capacidade, exceto aquela de se render à vontade de Deus, e se ele usar qualquer de suas faculdades para um outro propósito exceto aquele de fazer cumprir essa suposta vontade de forma mais efetiva, então ficaria bem melhor sem essa faculdade. Esta é a teoria do calvinismo, que é sustentada, de um modo mais mitigado, por muitos que não se consideram calvinistas, essa mitigação consistindo em se dar uma interpretação menos ascética à alegada vontade de Deus, asseverando ser Sua vontade que a humanidade deva justificar algumas de suas inclinações, certamente não da maneira que as pessoas preferirem, mas sim como um modo de obediência, isto é, do modo prescrito a elas pela autoridade e, portanto, pelas condições necessárias do caso, do mesmo modo para todas.

Em algumas formas insidiosas, existe atualmente uma forte inclinação para essa estreita teoria da vida e pelo limitado e torto tipo de caráter humano que ela privilegia. Na certa com sinceridade, muitas pessoas pensam que os seres humanos, assim manietados e diminuídos, são como o seu Criador os designou para serem, assim como muitos pensaram que as árvores ficam mais frondosas quando podadas em formas de animais,[3] do que como a natureza as fez. Mas, se é parte de qualquer religião crer que o homem foi criado por um ser bom, é mais consistente com essa fé crer que este ser criou todas as faculdades humanas, que devem poder ser cultivadas e expandidas, não extirpadas e consumidas, e que ele se delicia com uma aproximação maior de suas criaturas à concepção ideal imbuída nelas com cada aumento de suas capacidades de compreensão, ação e de aproveitamento. Há um tipo diferente de excelência humana, além daquela do calvinismo, uma concepção da humanidade que não vê a sua natureza como algo que lhe foi dado apenas com o propósito de ser negado. A "autoafirmação" pagã é tanto um elemento do valor humano quanto a "autonegação"[4] cristã. Há um ideal grego de autodesenvolvimento, com o qual o ideal platônico ou cristão se mescla, mas não supera. Pode ser que seja melhor ser um John Knox do que um Alcibíades, mas é melhor ser um Péricles do que qualquer um dos primeiros, e um Péricles, se tivéssemos um

---

[3] Trata-se da arte da topiaria, que molda a folhagem das árvores de acordo com imagens geométricas, de animais etc. [N.T.]
[4] Sterling's *Essays*. [N.A.]

hoje em dia, não recusaria tudo de bom que tivesse pertencido a John Knox.

Não é reduzindo até a uniformidade tudo o que é individual em si, mas cultivando e impulsionando a individualidade, dentro dos limites impostos pelos direitos e interesses dos outros, que o ser humano se torna um nobre e belo objeto de contemplação; e como participam dos trabalhos o caráter de todos aqueles que o fazem, pelo mesmo processo a vida humana também se torna rica, diversificada e animada, fornecendo alimento mais abundante para pensamentos e sentimentos elevados, e reforçando o vínculo que liga cada indivíduo à raça, tornando infinitamente mais valioso pertencer a ela. Proporcionalmente ao desenvolvimento de sua individualidade, cada pessoa se torna mais valiosa para si mesma, e portanto pode se tornar mais valiosa para os outros. Existe uma plenitude de vida maior sobre a sua própria existência, e quando há mais vidas individualmente, cresce a massa composta por cada uma delas. É necessária uma grande energia para evitar que indivíduos mais fortes invadam a esfera de direitos dos outros, e isso é inevitável; mas para isso há uma ampla compensação mesmo do ponto de vista do desenvolvimento humano. Os meios de desenvolvimento que o indivíduo perde por ser impedido de satisfazer suas inclinações com o prejuízo de outros são principalmente obtidos à custa do desenvolvimento de outras pessoas. E até para o próprio indivíduo há um equivalente completo para o melhor desenvolvimento da parte social de sua natureza, tornado possível pela restrição imposta à parte egoísta. Praticar regras rígidas de justiça para o bem dos outros desenvolve os sentimentos e capacidades que têm o bem dos outros como seu objetivo. No entanto, impor restrições em coisas que não afetam terceiros, mas que causam o simples descontentamento destes, não desenvolve nada de valor, exceto a força de caráter que pode manifestar-se como resistência à restrição. Isso não deve ser tolerado, porque entorpece e embota toda a natureza. Para ser justo com a natureza de cada um, é essencial que pessoas diferentes possam levar vidas diferentes. Todo período histórico em que isso foi praticado tornou-se notável para a posteridade. Mesmo o despotismo não produz seus piores efeitos, enquanto a individualidade existe sob ele; e tudo que esmaga a individualidade é despotismo, seja qual for o nome que se dê, e a despeito de tal despotismo afirmar cumprir a vontade de Deus ou as injunções dos homens. Tendo afirmado que a individualidade é a mesma coisa que o desenvolvimento, e que é somente o cultivo da individualidade que produz, ou pode produzir, seres humanos bem desenvolvidos, eu poderia aqui fechar o argumento: o que mais ou melhor pode ser dito sobre qualquer estado das relações humanas exceto que aproximam os próprios seres humanos da melhor condição a que podem chegar? Ou o que de pior pode ser dito sobre qualquer obstrução ao bem, do que o que impede isso? Sem dúvida, no entanto, estas considerações não serão suficientes para convencer aqueles que mais precisam ser convencidos, e é necessário mostrar, de forma mais clara, que esses seres humanos desenvolvidos tem alguma utilidade para os não desenvolvidos, por chamar a atenção para aqueles que não desejam a liberdade, e não recorrem a ela, para que possam ser, de alguma maneira razoável, recompensados por permitir que outras pessoas façam uso dela sem impedimentos.

Em primeiro lugar, então, eu sugeriria que estes possivelmente aprenderiam algo com eles. Ninguém pode negar que a originalidade é um elemento importante nos assuntos humanos. Há sempre a necessidade de pessoas, não só para descobrir novas verdades e apontar quando verdades antigas deixaram de ser verdadeiras, mas também para dar início a novas práticas, e dar o exemplo de condutas mais esclarecidas, e mais bom gosto e bom senso na vida humana. Isso só pode ser negado por alguém que acredita que o mundo já atingiu a perfeição em todas as suas formas e práticas. É verdade que este benefício não é compreendido por todos igualmente: há muito poucas pessoas, em comparação com o conjunto da humanidade, cujas experiências, se adotadas por outros, provavelmente trariam alguma melhora para costumes estabelecidos. Mas esses poucos são o sal da terra; sem eles, a vida humana se tornaria estagnada. Eles não só introduzem coisas boas que antes não existiam, mas mantêm vivas as que já existiam. Se não houvesse nada de novo para ser feito, o intelecto humano deixaria de ser necessário? Seria essa uma razão para que aqueles que fazem as coisas ao modo antigo devam esquecer por que o fizeram, e que o fizeram como gado e não como seres humanos? Nas melhores crenças e práticas, é simplesmente muito grande a tendência de degenerar no mecânico; e a menos que houvesse uma sucessão de pessoas cuja originalidade sempre renovada impedisse que os fundamentos de tais crenças e práticas se tornassem meramente tradicionais, essa matéria morta não resistiria ao menor choque de algo realmente vivo, e então não haveria nenhuma razão para que a civilização não pudesse se extinguir, como ocorreu com o Império Bizantino. É verdade que pessoas de gênio são e aparentemente sempre serão uma pequena minoria; contudo, para tê-los é necessário preservar o solo em que eles crescem. Gênios só podem respirar livremente numa *atmosfera* de liberdade. Pessoas de gênio são, *ex vi termini*,[5] mais individualistas do que as outras – menos capazes, portanto, de se adaptar, sem pressão danosa, a qualquer um dos moldes fornecidos em número reduzido pela sociedade com a finalidade de poupar os seus membros do problema de formar o seu próprio caráter. Se, em virtude da timidez, eles consentem em ser forçados em um desses moldes e a deixar que permaneça restrita toda a parte deles que não pode se expandir sob pressão, a sociedade em quase nada seria melhor em virtude desses gênios. Se eles têm um caráter forte e rompem os seus grilhões, tornam-se o alvo da sociedade que não foi bem-sucedida em reduzi-los ao lugar-comum, e que, com um aviso solene, dirige-se a eles como "selvagens", "excêntricos" e coisas semelhantes; é como se alguém lamentasse que o rio Niágara não corre suavemente entre as suas margens assim como um canal holandês.

Insisto enfaticamente na importância do gênio e na necessidade de permitir seu livre desenvolvimento tanto no pensamento como na prática, e estou bastante convencido de que ninguém negará essa posição na teoria, mas também sei que, na realidade, a maioria é totalmente indiferente em relação a isso. As pessoas consideram que ter gênio é uma coisa digna de nota se ele possibilita ao homem escrever um poema emocionante ou pintar um quadro. Contudo, no verdadeiro sentido, o de originalidade no pensamento e na ação, embora ninguém diga que não seja uma coisa a ser admirada, quase todos, no íntimo, acreditam passar muito bem sem ele. Infelizmente, isso é tão natural que não causa espanto. A originalidade é uma das coisas nas quais mentes não

---

[5] Por definição. [N.T.]

originais não são capazes de ver utilidade. Elas não são capazes de ver o que ela pode fazer por eles: como poderia ser possível para elas? Se não podem ver o que pode fazer por elas, então não seria originalidade. O primeiro serviço que a originalidade pode prestar para elas é o de abrir os seus olhos; e tão logo isso fosse realizado completamente, elas teriam uma chance de serem originais por si mesmas. Entretanto, lembrando que nada foi feito sem que alguém o tivesse feito pela primeira vez e que todas as coisas boas que existem são fruto da originalidade, deixemos que sejam modestas o suficiente para acreditar que ainda há algo por realizar, e garantamos às mesmas que têm tanto mais necessidade da originalidade quanto menos forem conscientes de a quererem.

Na verdade, qualquer que seja a homenagem que se queira prestar a uma real ou suposta superioridade mental, a tendência geral das coisas no mundo é fazer da mediocridade o poder dominante sobre a humanidade. Na Antiguidade, na Idade Média e, em grau menor, na longa transição do feudalismo até os tempos atuais, o indivíduo era um poder em si mesmo; se possuía um grande talento ou uma posição social elevada, então esse poder era considerável. No presente, os indivíduos estão perdidos na multidão. É quase uma trivialidade, na política, dizer que a opinião pública agora rege o mundo. O único poder que merece esse nome é o das massas, e o dos governos na medida em que tornam a si mesmos órgão das tendências ou instintos das massas. Isso é tão verdadeiro para as relações morais e sociais da vida privada quanto para as transações públicas. Aqueles a cujas opiniões se dá o nome de opinião pública não pertencem sempre a uma mesma classe de público: na América, eles são a população inteira de brancos; na Inglaterra, sobretudo a classe média; mas eles são sempre uma massa, quer dizer, mediocridade coletiva. E aqui há uma grande novidade, pois a massa não toma as suas opiniões dos dignitários da igreja ou do Estado, nem de líderes ostensivos ou de livros. O seu pensamento é formado por homens como ela, que em jornais se dirigem a ela ou falam em nome dela, segundo o calor do momento. Não estou reclamando disso. Não declaro que algo melhor seja compatível, como regra geral, com o reduzido estado presente da mente humana. Contudo, isso não impede que o governo da mediocridade seja um governo medíocre. Nenhum governo, seja numa democracia ou numa aristocracia numerosa, seja em seus atos políticos ou em suas opiniões, nas qualidades e mentalidades que estimulou, elevou-se ou pôde se elevar sobre a mediocridade, exceto ali onde o soberano — Muitos — se deixou guiar (o que ele fez em seus melhores tempos) pelos conselhos e pela influência dos mais habilitados e instruídos — Um ou Alguns. A iniciativa de todas as coisas sábias e nobres vem e deve vir dos indivíduos; geralmente, pela primeira vez, de um único indivíduo. A honra e a glória do homem mediano é ser capaz de seguir essa iniciativa; pois ele pode responder internamente a coisas sábias e nobres e ser guiado por elas com os olhos abertos. Não estou admitindo aquele tipo de "culto ao herói", que aplaude o homem forte de gênio que, pela força, se apodera do governo do mundo e faz com que ele o obedeça, a despeito de si próprio. Tudo o que ele pode reivindicar é a liberdade de indicar o caminho. O poder de compelir os homens a esse caminho não só é inconsistente com a liberdade e o desenvolvimento de todo o restante, como também corrompe o próprio homem forte. Todavia, parece que quando as opiniões de massas compostas tão-somente de homens medianos se convertem ou estão em vias de se converter na força dominante, então o contrapeso e a correção dessa tendência deverá ser a individualidade cada vez mais pronunciada daqueles que estão situados em uma reconhecida superioridade do pensamento. É principalmente nessas circunstâncias que indivíduos excepcionais devem ser encorajados e não dissuadidos a atuar diferentemente da massa. Em outros tempos não havia vantagem em procederem desse modo, a não ser que não atuassem apenas diferentemente, mas melhor. Na nossa época, o mero exemplo da não conformidade, a mera recusa de dobrar os joelhos diante do costume, já é por si mesmo um serviço. Justamente porque a tirania da opinião torna a excentricidade reprovável, é desejável que as pessoas sejam excêntricas para romper com essa tirania. A excentricidade sempre foi abundante quando e onde foi abundante a força do caráter; e a quantidade de excentricidade de uma sociedade foi geralmente proporcional à quantidade de gênio, vigor mental e coragem moral que ela contém. Que tão poucos hoje ousem ser excêntricos constitui o principal perigo da época.

Falei que é importante permitir tanto quanto possível as coisas não costumeiras, de maneira que possa se mostrar, com o tempo, quais delas estão aptas para se converterem em costumeiras. Mas a independência da ação e o menosprezo pelo costume não apenas merecem encorajamento em virtude da possibilidade de propiciar o surgimento de melhores modos de ação e costumes mais apropriados para a adoção geral; tampouco são apenas as pessoas de nítida superioridade mental as únicas que podem reivindicar com justiça a condução de suas próprias vidas à sua própria maneira. Não há razão para que todas as existências humanas sejam erigidas segundo um único padrão ou por um pequeno número de padrões.

Se uma pessoa possui qualquer soma tolerável de senso comum e experiência, o seu próprio modo de abordar a sua existência é o melhor, não porque é o melhor em si mesmo, mas porque é o seu próprio modo. Os seres humanos não são como carneiros, e mesmo os carneiros não são indistintamente iguais. Um homem não pode pegar um casaco ou um par de botas qualquer, a não ser que tenham sido feitos sob medida para ele ou puder escolher em uma loja de roupas completa: porventura é mais fácil adequá-lo a uma vida ou a um casaco, ou os seres humanos são mais iguais entre si em sua conformação física e espiritual como um todo do que na forma de seus pés? Se as pessoas apenas tivessem diferenças de gosto, isso já seria razão suficiente para não tentar moldá-los segundo um único modelo. Pessoas diferentes requerem diferentes condições para o seu desenvolvimento espiritual; e elas não podem viver saudavelmente na mesma moral, assim como toda a variedade de plantas não pode viver na mesma atmosfera física e no mesmo clima. As mesmas coisas que auxiliam uma pessoa a cultivar a sua natureza mais elevada são impedimentos para outra pessoa. O mesmo modo de viver é estímulo sadio para um, conservando nas melhores condições todas as suas faculdades de ação e desfrute, enquanto para outro é um fardo penoso, que aniquila ou oprime toda a sua vida interior. Nos seres humanos são tantas as diferenças nas fontes do prazer, nas suscetibilidades à dor, nos efeitos dos diversos agentes físicos e morais, que a não ser que haja uma diversidade correspondente em seus modos de viver, eles jamais obterão o quinhão de felicidade e jamais alcançarão o grau de desenvolvimento mental, moral e estético de que a sua natureza é capaz. Por que então a tolerância, na medida em que está em jogo o sentimento público, deve se limitar apenas aos gostos e modos de viver que obtém aquiescência da multidão de seus partidários? Em nenhuma parte (exceto em algumas instituições monásticas) a diversidade de gostos é totalmente ignorada; uma pessoa pode, sem censura, preferir ou não remar, fumar, música, exercícios atléticos, xadrez, cartas, estudar, porque aqueles que gostam de cada uma dessas coisas ou aqueles que não gostam delas são por demais numerosos para serem desencorajados. Mas o homem, e ainda mais a mulher, que podem ser acusados de fazer "o que ninguém faz" ou de não fazer "o que todo mundo faz", são alvo de comentários muito mais depreciativos do que se ele ou ela tivessem cometido algum crime moral grave. As pessoas precisam possuir um título ou algum outro tipo de posição ou de consideração por parte daqueles da mesma posição, para que sejam capazes de se permitir um pouco ao luxo de fazer o que gostam sem prejuízo de sua própria estima. Para se permitir um pouco, repito, porque quem quer que se permitir muito correrá o risco de sofrer algo pior que palavras de desprezo – corre o risco de ser tomado como lunático e de ver as suas propriedades tomadas e dadas a parentes.[6]

---

[6] Há algo de desprezível e repugnante na espécie de evidência com que, nos últimos anos, qualquer pessoa pode ser declarada judicialmente incapaz de administrar os seus negócios; e depois de sua morte a cessão de suas propriedades pode ser suspensa se houver o suficiente para pagar as despesas do litígio – o que será cobrado das propriedades elas mesmas. Todos os pequenos detalhes da vida cotidiana são examinados e, visto por intermédio das mais baixas faculdades perceptivas e descritivas que pode haver, tudo o que for encontrado que aparente diferença em relação ao senso comum absoluto é apresentado ao júri como evidência de insanidade, e muitas vezes com sucesso; os jurados costumam ser tão vulgares e ignorantes quanto as testemunhas, quando não mais que elas; enquanto os juízes, com essa extraordinária falta de conhecimento da natureza e vida humana que continuamente assombra a nós, legistas ingleses, muitas vezes ajudam a orientar mal os jurados. Esses julgamentos comportam livros e mais livros

Há uma característica na atual direção da opinião pública que a predispõe particularmente a ser intolerante com qualquer demonstração acentuada de individualidade. A maior parte da humanidade não é apenas moderada no intelecto, mas também em suas inclinações; ela não tem gostos ou desejos fortes o suficiente para inclinála a fazer algo inusual, e ela portanto não compreende aqueles que os têm, classificando a todos como selvagens e destemperados e acostumando-se a olhá-los de cima para baixo. Agora, além desse fato de caráter geral, temos ainda de supor que há um forte movimento em direção ao aperfeiçoamento moral, e é evidente o que devemos esperar. Nos dias de hoje, esse movimento teve início; muito tem sido atualmente realizado para aumentar a regularidade da conduta e desencorajar os excessos; trata-se de um espírito filantrópico conhecido, para cujo exercício nenhum campo é mais convidativo do que o da elevação da moral e da prudência de nossos semelhantes. Mais do que em períodos anteriores, essas tendências do tempo tornam o público mais disposto a prescrever regras gerais de conduta e a esforçar-se para que todos se conformem com o padrão aprovado. E esse padrão, seja expresso ou tácito, consiste em não desejar nada fortemente. O seu ideal de caráter é ser sem qualquer caráter pronunciado e

sobre o estado do sentimento e da opinião do vulgo no que diz respeito à liberdade humana. Longe de atribuírem algum valor à individualidade – tão longe quanto estão de respeitarem o direito de cada um a agir em assuntos indiferentes como bem lhe aprouver segundo o seu próprio entendimento e inclinações –, juízes e jurados jamais podem conceber que alguém em estado de sanidade possa desejar tal liberdade. Em dias passados, quando se propôs queimar ateus, pessoas caridosas sugeriram em lugar disso colocá-los em hospícios: não seria uma surpresa se voltássemos a ver isso nos dias atuais, assim como os propositores aplaudirem a si mesmos, porque adotaram um modo tão humano e cristão de lidar com esses desafortunados, ao invés de persegui-los por motivos religiosos, e não sem a silenciosa satisfação de que eles obtiveram dessa maneira o que mereciam. [N.A.]

mutilar por compressão, como se faz com os pés das chinesas, qualquer parte da natureza humana que seja proeminente e tenda a tornar a pessoa marcadamente diferente em relação à humanidade comum.

Como é usual com dietas que excluam uma parte daquilo que é desejável, o padrão atual de aprovação produz tão-somente uma imitação inferior da outra parte. Em vez de grandes energias guiadas por uma razão vigorosa e sensações fortes controladas por uma vontade consciente, o que resulta aqui são sensações e energias débeis, que por isso podem conformar-se externamente à regra sem qualquer esforço seja da vontade ou da razão. Os caracteres energéticos já se tornaram em grande escala meramente tradicionais. Apenas raramente há vazão de energia nesse país, a não ser nos negócios. A energia dispendida nos negócios ainda pode ser dita considerável. O pouco que sobra desta ocupação é gasto em algum *hobby*; ele pode ser útil, como um *hobby* filantrópico, mas sempre se trata de algo isolado e geralmente de pequenas dimensões. A grandeza da Inglaterra é agora inteiramente coletiva: individualmente pequenos, aparentemente somos capazes de algo grande apenas em virtude de nossos hábitos de associação; e com isso os nossos filantropos morais ou religiosos estão perfeitamente satisfeitos. Mas foram homens de outra espécie que fizeram da Inglaterra o que ela tem sido; e homens de outra espécie serão necessários para prevenir o seu declínio.

O despotismo do costume é por toda parte um obstáculo para o avanço da humanidade, em virtude do incessante antagonismo em relação àquela disposição de almejar algo melhor do que o costumeiro, o que se denomina, de acordo com as circunstâncias, de espírito de liberdade ou espírito de progresso e melhoria. O espírito de melhoria não é sempre um espírito de liberdade, pois pode almejar, por meio da força, a melhoria de um povo sem vontade; e o espírito de liberdade, na medida em que ele resiste a tais tentativas, pode aliar-se local e temporalmente aos oponentes da melhoria; contudo, a única fonte infalível e permanente de melhoria é a liberdade, pois, com ela, há tantos centros independentes de melhoria quanto indivíduos. O princípio progressivo, por qualquer meio e em qualquer forma, como amor da liberdade ou amor da melhoria, antagoniza com a influência do Costume, pois implica ao menos a emancipação do seu jugo; e a disputa entre os dois constitui o principal interesse da história do gênero humano. A maior parte do mundo não tem, propriamente falando, história, porque o despotismo do Costume é absoluto. Esse é o caso em todo o Oriente. Ali o costume é, em todas as coisas, a instância superior; justiça e direito significam conformidade ao costume; ninguém pensa em resistir ao argumento do costume, a não ser algum déspota intoxicado pelo poder. E vemos o resultado. Em algum momento essas nações devem ter possuído originalidade; elas não saíram da terra populosas, letradas e versadas em muitas artes da vida; foram elas mesmas que fizeram tudo isso e foram então as maiores e mais poderosas nações do mundo. E o que são agora? Subordinados ou dependentes de tribos cujos ancestrais perambulavam nas florestas, quando os seus próprios ancestrais tinham palácios magníficos e templos suntuosos, sobre os quais todavia o costume dividia o exercício das normas com a liberdade e o progresso. Aparentemente, um povo pode ser progressista por certo período de tempo e então ele para: mas por que ele para? Quando ele deixa de possuir individualidade. Se uma transformação semelhante ocorresse nas nações europeias, não seria de forma exatamente igual: o despotismo do costume que intimida tais nações não é precisamente estacionário. Ele proíbe a singularidade, mas isso não torna impossíveis as mudanças, desde que sejam realizadas em conjunto. Descartamos os costumes fixos de nossos antepassados; agora cada um deve se vestir igual ao outro, mas a moda pode mudar uma ou duas vezes por ano. Quando há a mudança, cuidamos para que seja apenas no interesse da mudança e não em virtude de qualquer ideia de beleza ou conveniência; pois uma mesma ideia de beleza ou conveniência não ocorreria a todo o mundo ao mesmo tempo, nem tampouco seria abandonada por todos em um outro momento. Somos tão progressistas quanto passíveis de mudança: realizamos continuamente novas invenções para coisas mecânicas e as conservamos até serem superadas por melhores; somos ávidos por aperfeiçoamentos na política, na educação, mesmo na moral, embora nessa última a nossa ideia de aperfeiçoamento consista principalmente em persuadir ou coagir outras pessoas a serem melhores que nós mesmos. Não é o progresso que objetamos; ao contrário, vangloriamo-nos de ser as pessoas mais progressistas que jamais viveram. É contra a individualidade que travamos guerra: pensaríamos ter feito maravilhas se tivéssemos nos tornado iguais; esquecemos que as desigualdades entre uma pessoa e outra é geralmente a primeira coisa que fixa a atenção de seu próprio tipo e na superioridade de outro, ou na possibilidade de, ao combinar a vantagem de ambos, produzir algo melhor que cada um. Temos um exemplo, que também serve de advertência, na China – uma nação de muito talento e, em alguns aspectos, de muita sabedoria, em virtude da rara boa fortuna de ter sido bem provida num período recente com um conjunto particularmente bom de costumes, obra até certo ponto de homens merecedores do título de sábios e filósofos, com o que têm de concordar, sob certas restrições, até mesmo os mais esclarecidos dentre os europeus. Ela é notável ainda pela excelência do seu aparato para imprimir, tanto quanto possível, em cada mente da comunidade a melhor sabedoria que possui, e por assegurar que aquele que melhor se apropriou dela assumirá posições de honra e poder. Sem dúvida, o povo que fez isso descobriu o segredo do progresso humano e deveria ter se mantido com firmeza à frente do movimento do mundo. Mas, ao contrário, ele se tornou estacionário – e assim permaneceu por milhares de anos; e, se em algum momento voltar a avançar, será por causa de estrangeiros. Ele teve sucesso, além de toda a esperança, naquilo que os filantropos ingleses trabalharam de modo tão diligente – em tornar todas as pessoas iguais, todas governando os seus pensamentos e condutas segundo as mesmas máximas e regras; e esses são os frutos que produziram. O regime moderno da opinião pública é, de forma desorganizada, o que os sistemas educacional e político chineses são organizadamente; e, a menos que a individualidade seja capaz de se afirmar com êxito diante desse jugo, a Europa, a despeito dos seus nobres antepassados e do seu cristianismo confesso, tenderá a se tornar outra China.

O que até aqui preservou a Europa deste destino? O que fez da família das nações europeias uma porção da humanidade em aperfeiçoamento em vez de estagnação? Não foi nenhuma excelência superior nelas que, se existente, existe como efeito, não como causa – mas sua notável diversidade de caráter e cultura. Indivíduos, classes, nações, são muitíssimo diferentes entre si: bateram uma grande variedade de trilhas, cada uma levando a algo valioso e, embora em cada período as que tomaram trilhas diferentes tenham sido intolerantes entre si e cada uma acharia excelente se todas as outras fossem compelidas a tomar essa mesma trilha, suas tentativas de impedir o desenvolvimento umas das outras raramente tiveram qualquer sucesso permanente e cada uma recebeu o bem que as outras ofereceram. A meu ver, a Europa muito deve a essa pluralidade de trilhas para seu desenvolvimento progressivo e multilateral, mas já começa a possuir esse benefício em grau consideravelmente menor. Ela está avançando decididamente em direção ao ideal chinês de tornar todas as pessoas iguais. Tocqueville,[7] em seu último trabalho importante, observa o quanto os franceses do presente se parecem uns com os outros, muito mais do que acontecia até mesmo na última geração. A mesma observação poderia ser feita a respeito dos ingleses, em grau bem maior. Em um trecho já citado, Wilhelm von Humboldt mostra duas coisas como condições necessárias do desenvolvimento humano, porque necessárias para diferenciar as pessoas entre si: a liberdade e uma variedade de situações. Neste país, a segunda dessas duas condições diminui a cada dia. As circunstâncias que envolvem diferentes classes e indivíduos e modelam seu caráter a cada dia são mais assimiladas. Antigamente, diferentes classes sociais, diferentes bairros e regiões, diferentes negócios e profissões viviam no que se poderia chamar de mundos diferentes; no presente, em enorme grau, vivem no mesmo mundo. Falando relativamente, eles agora leem as mesmas coi-

---

[7] Alexis de Tocqueville (1805—1859), filósofo francês, autor de *Sobre a democracia*. Ver, na Coleção de Bolso Hedra, *Viagem aos Estados Unidos*. [N.T.]

sas, escutam as mesmas coisas, veem as mesmas coisas, vão para os mesmos lugares, têm suas esperanças e temores dirigidos aos mesmos objetos, têm os mesmos direitos e liberdades e os mesmos meios de afirmá-los. Por maior que sejam as diferenças de posição que restam, elas nada são em relação às que já acabaram. E a assimilação continua. Todas as mudanças políticas da era a promovem, desde que todas tenham a tendência a elevar o baixo e a rebaixar o alto. Cada extensão da educação a promove, porque a educação deixa as pessoas sob influências comuns, proporcionando-lhes acesso ao conjunto geral dos fatos e sentimentos. As melhorias nos meios de comunicação a promovem, trazendo habitantes de lugares distantes ao contato pessoal e mantendo um rápido fluxo de mudanças de residência entre um lugar e outro. O aumento do comércio e as manufaturas a promovem, difundindo mais amplamente as vantagens de circunstâncias fáceis e abrindo à competição geral todos os objetos de ambição, mesmo a mais alta, com o que o desejo de elevar-se já não é mais característica de uma determinada classe, mas de todas as classes. Uma influência mais poderosa do que até mesmo todas essas, para levar a efeito uma semelhança geral entre a humanidade, é o estabelecimento completo, neste e em outros países livres, da ascendência da opinião pública no Estado. Como as diversas eminências sociais que permitiram que pessoas nelas entrincheiradas desconsiderassem a opinião da multidão gradualmente se nivelaram, como a própria ideia de se resistir à vontade do público, quando se sabe inequivocamente que o público tem uma vontade, desaparece cada vez mais das mentes dos políticos atuantes, deixa então de existir qualquer apoio social ao não conformismo, qualquer poder substantivo na sociedade que, em si oposto à ascendência dos números, está interessado em tomar sob sua proteção opiniões e tendências variando com as do público.

A combinação de todas essas causas forma imensa massa de influências hostis à individualidade, e não é fácil ver como ela consegue se manter firme. Conseguirá, com dificuldade cada vez maior, a menos que se possa fazer a parte inteligente do público sentir seu valor — ver que é bom que haja diferenças, ainda que não para melhor, ainda que algumas, como pode parecer, para pior. Se algum dia as reivindicações de individualidade tiverem de ser afirmadas, o momento é agora, enquanto boa parte ainda continua desejando completar a assimilação forçada. Apenas nas primeiras etapas qualquer posição poderá ter sucesso contra a usurpação. A exigência de que todas as outras pessoas tenham de parecer conosco aumenta pelo que se alimenta. Se a resistência espera até que a vida esteja reduzida *quase* a um tipo uniforme, todos os desvios desse tipo virão a ser considerados ímpios, imorais e até monstruosos e contrários à natureza. A humanidade rapidamente se torna incapaz de conceber a diversidade, quando por algum tempo se desacostuma a vê-la.

DOS LIMITES DA AUTORIDADE DA SOCIEDADE SOBRE O INDIVÍDUO

Qual seria então o justo limite para a soberania do indivíduo sobre si mesmo? Onde começa a autoridade da sociedade? Quanto da vida humana deve caber à individualidade, e quanto à sociedade?

Cada uma delas receberá o seu quinhão merecido, se cada uma tiver a parte que mais lhe concernir. À individualidade deve pertencer a parte da vida em que o indivíduo está interessado, e à sociedade, a parte que interessa principalmente a sociedade.

Apesar de a sociedade não estar fundada num contrato, e apesar de nenhum bom propósito ser alcançado ao se inventar um contrato para se deduzir a partir dele as obrigações sociais, cada um que receba a proteção da sociedade deve algo em troca desse benefício; o fato de se viver em sociedade torna indispensável que cada um deva ser obrigado a observar certa linha de conduta para com os outros. Esta conduta consiste primeiro em não ferir o interesse de outra pessoa, ou melhor, certos interesses que, seja por expressa provisão legal ou por entendimento tácito, devam ser considerados como direitos e, em segundo, consiste em que cada pessoa deve suportar a sua cota (a ser definida em algum princípio de igualdade) de trabalhos e sacrifícios incorridos ao se defender a sociedade ou seus membros de danos e inconvenientes. É justo que a sociedade imponha essas condições a todos aqueles que tentem fugir dessas obrigações. E isso não é tudo o que a sociedade pode fazer. Os atos de um indivíduo podem ser danosos para os outros, ou demonstrarem falta de consideração pelo bem-estar deles, sem que chegue ao ponto de violarem qualquer direito constituído. O ofensor pode ser então justamente punido pela opinião, mas não pela lei. Tão logo alguma parte da conduta de uma pessoa afeta de forma prejudicial o interesse das outras, a sociedade tem jurisdição sobre ela, e saber se o bem-estar geral será ou não beneficiado se houver uma intervenção naquela conduta torna-se uma questão aberta à discussão. Mas não há espaço para tratar dessa questão quando a conduta de uma pessoa não afeta o interesse de ninguém além dela mesma, ou não precisa afetar, exceto se elas concordem (todas as pessoas sendo, no caso, maiores de idade e dentro do limite normal da compreensão). Em tais casos deve haver liberdade perfeita, legal e social, para realizar a ação e se responsabilizar pelas consequências.

Seria entender muito mal esta doutrina supor que ela sustenta a indiferença egoísta, que assume que os seres humanos não têm nenhuma relação com a conduta das outras pessoas, e que eles não devam se preocupar com as boas ações ou o bem-estar uns dos outros, a menos que seu próprio interesse esteja envolvido. Ao invés de qualquer diminuição, há necessidade de um grande aumento na ação desinteressada em promover o bem dos outros. Mas a benevolência desinteressada pode encontrar outros instrumentos, além do chicote e das pancadas, sejam esses literais ou metafóricos, para persuadir as pessoas pelo seu próprio bem. Eu seria a última pessoa a fazer pouco caso das virtudes que se relacionam conosco mesmos — elas estão em segundo lugar em importância, se é que estão apenas em segundo, em relação às virtudes sociais. A educação deve cultivar ambas. Mas mesmo a educação funciona tanto por convicção e persuasão quanto por coação, e é apenas pelas primeiras que, passado o período da educação, as virtudes relacionadas à própria pessoa devem ser inculcadas. Os seres humanos devem uns aos outros uma ajuda, para distinguir o melhor do pior, e encorajamento para escolher o primeiro e para evitar o segundo. Eles devem sempre estar estimulando uns aos outros a um aumento do uso das suas capacidades mais elevadas, e tentando levar seus sentimentos e intenções para objetivos e aspirações sábias e elevadas, ao invés de tolas e degradantes. Mas nem uma só pessoa, ou grupo de pessoas, pode dizer a outro ser humano, já maduro, que ele não pode, para seu próprio benefício, fazer de sua vida o que ele escolheu. Ele é a pessoa mais interessada em seu próprio bem-estar, o interesse que qualquer outra pessoa, exceto em casos de fortíssima ligação emocional, possa ter nesse bem-estar é diminuto perto do que ele próprio tem; o interesse que a sociedade tem para com ele, como indivíduo (excetuando a sua conduta para com os outros), é parcial, e completamente indireto, enquanto que, em relação aos seus próprios sentimentos e circunstâncias, o mais comum dos homens ou das mulheres tem meios de conhecê-los que em muito superam os que qualquer outra pessoa possa ter. A interferência da sociedade que anule seu julgamento e propósitos no que se refere a sua própria vida, deve ser baseada em presunções gerais, que podem ser totalmente errôneas e que, mesmo se corretas, no mais das vezes são inaplicáveis a casos individuais por pessoas que não tem maior conhecimento das circunstâncias do caso do que aqueles que o observam de fora. Neste departamento, portanto, dos assuntos humanos, a Individualidade tem o seu campo de ação próprio. Na conduta dos seres humanos uns com os outros, é necessário que as regras gerais devam ser observadas na maioria das vezes, para que as pessoas possam saber o que esperar, mas em relação ao que importa a cada pessoa, à sua individualidade espontânea deve-se permitir um exercício livre. Considerações que ajudem ao seu julgamento, exortações para fortalecer sua vontade podem ser-lhe oferecidas, e mesmo jogadas sobre ela, pelas outras pessoas, mas ela própria é a instância final de julgamento. Todos os erros que ela provavelmente possa cometer mesmo contra os conselhos e avisos são de longe superados pelo mal de se permitir que outros a forçassem àquilo que consideram ser o melhor para ela.

Não quero com isso dizer que o modo como uma pessoa é considerada pelos outros não deva de maneira nenhuma ser afetado pelas suas qualidades ou deficiências individuais. Isso não é nem possível nem desejável. Se ela é eminente em quaisquer das qualidades que conduzem para o seu próprio bem, ela é, até aqui, um adequado objeto de admiração. Ela está bem mais perto da perfeição ideal da natureza humana. Se ela é muito deficiente nessas qualidades, um sentimento oposto ao de admiração surgirá. Há um grau de loucura, e um grau do que pode ser chamado (apesar da expressão poder ser objetada) de baixeza ou depravação de gosto, que apesar de não poder, de forma justa, causar danos a quem o demonstra ter, o torna, necessária e propriamente, um objeto de desgosto ou, em casos extremos, mesmo de desprezo: uma pessoa não pode ter essas más qualidades sem que tal ocorra. Apesar de não fazer mal para ninguém, uma pessoa pode agir de tal modo que nos compele a julgá-la e percebê-la como um tolo, ou como um ser de uma ordem inferior, e posto que esses julgamentos são algo que ela preferiria evitar, é prestar-lhe um serviço avisá-la disso de antemão, assim como de qualquer outra consequência desagradável à qual ela possa se expor. Seria bom, na verdade, que essa ação meritória pudesse ser mais frequentemente realizada do que as noções comuns de polidez permitem atualmente, e que uma pessoa pudesse apontar para outra no que ela pensa o que está em falta, sem que tal fosse considerado mau comportamento ou presunção. Também temos o direito de agir de vários modos segundo nossa opinião desfavorável sobre alguma pessoa, não para oprimir a sua individualidade, mas sim para exercer a nossa. Não somos obrigados, por exemplo, a procurar a sua companhia, temos o direito de evitá-la (mas não o de proclamar ostentosamente isso), pois temos o direito de procurar a companhia que nos seja mais aceitável. Nós temos o direito, e pode ser até nosso dever, de alertar as outras pessoas sobre ela, se pensarmos que seu exemplo ou conversa provavelmente terá um efeito ruim sobre aquelas pessoas que permanecem em sua companhia. Podemos dar preferência a outros sobre ela, quando se tratar de boas ações opcionais, exceto naquelas que tendam a ajudar a melhorar. Essas são as diferentes maneiras pelas quais uma pessoa pode sofrer penalidades muito severas nas mãos de outras, por falhas que só concernem diretamente a ela própria, mas ela sofre essas penalidades tanto quanto elas sejam naturais e, assim como é, as consequências espontâneas das próprias falhas, e não porque as penalidades lhe são infringidas para fins de punição. Uma pessoa que mostre ser exagerada, obstinada, orgulhosa, que não possa viver com meios moderados, que não pode se negar indulgências daninhas, que persegue prazeres animalescos em troca daqueles dos sentimentos e intelecto, deve esperar ser diminuída na opinião dos outros, e obter delas uma porção menor de seus sentimentos favoráveis, mas disso ela não tem direito nenhum de reclamar, a menos ela tenha conseguido o reconhecimento das pessoas devido a sua excelência ímpar nas suas relações sociais, e portanto obtido delas um título para sua boa vontade, que não é afetado pelo seus deméritos para consigo mesmo.

O que defendo é que as inconveniências que são estreitamente inseparáveis do julgamento desfavorável dos outros, são as únicas às quais uma pessoa deve ser sujeita, em relação àquela parte de sua conduta e caráter que concerne ao seu próprio bem, mas que não afeta os interesses dos outros nas suas relações com ela. Atos danosos às outras pessoas requerem um tratamento totalmente diferente. Limitações aos seus direitos, obrigação de pagar dano ou perda não justificadas, falsificações ou duplicidades quando se lida com as pessoas, utilização de vantagens injustas ou egoístas sobre as pessoas, e mesmo a recusa egoísta de defender os outros contra danos — esses são os objetos adequados da reprovação moral e, nos casos mais graves, de retratação moral e punição. E não somente esses atos, mas também a disposição que leva a eles, são objetos adequados de desaprovação, que podem levar ao desprezo. Crueldade de disposição, malícia e natureza má, aquela mais antissocial das paixões, a inveja, dissimulação e insinceridade, irascibilidade por razões insuficientes, ressentimento desproporcional com a provocação, o amor de mandar nos outros, o desejo de obter mais do que a sua cota de vantagens (a palavra pleoneksia [πλεονεξία] dos gregos), o orgulho que obtém sua gratificação ao diminuir os outros, o egotismo que faz alguém imaginar que ele mesmo e seus interesses são mais importantes do que tudo o mais, e decide todas as questões duvidosas a seu favor — esses são vícios morais, e formam um caráter mau e odioso, diferentes das previamente mencionadas falhas egoístas, que não são propriamente imoralidades e que, não importando até que baixo nível leve a pessoa, não constituem maldade. Podem ser provas de tolice ou da inexistência de uma dignidade pessoal e respeito próprio, mas só são objetos de reprovação moral quando envolvem uma quebra do dever que se tem com os outros, pelo qual o indivíduo é obrigado a tomar conta de si mesmo. Os que chamamos de deveres para conosco não são socialmente obrigatórios, a menos que as circunstâncias os tornem deveres para com os outros. O termo dever para si próprio, quando significa algo além da prudência, significa respeito próprio ou autodesenvolvimento, e nenhum deles diz respeito às outras pessoas, porque não seria bom para a humanidade se assim fosse.

A distinção entre a perda de consideração que uma pessoa pode sofrer de forma justa por falta de prudência ou de dignidade pessoal, e a reprovação que lhe é devida por ofensas aos direitos dos outros não é uma distinção meramente nominal. Há uma enorme diferença, tanto em nossos sentimentos quanto em nossa conduta, se ela nos desagrada em coisas sobre as quais pensamos que temos direito de controlá-la, ou se nos desagrada em coisas que sabemos que nós não temos. Se ela nos desagrada, podemos expressar nosso desgosto, e podemos nos manter afastados tanto de uma pessoa quanto de coisas que nos desagradem, mas não nos sentimos compelidos a tornar a vida dessa pessoa desconfortável.

Podemos refletir que ela já carrega, ou irá carregar, todo o peso por seus erros; se ela arruína sua vida por mau gerenciamento, nós não desejaremos, por essa razão, arruiná-la ainda mais: ao invés de querer puni-la, nós, nos esforçaremos para aliviar sua punição, mostrando a ela como pode evitar ou curar os males que sua conduta lhe traz. Ela pode ser para nós objeto de piedade, talvez de desapreço, mas não de raiva e ressentimento, não devemos tratá-la como inimiga da sociedade, o pior que podemos pensar que é justo fazermos seria deixá-la por sua própria conta. Será completamente diferente se ela infringiu as regras necessárias para a proteção das outras pessoas, individual ou coletivamente. As consequências ruins de seus atos não caem sobre ela mesma, mas sobre os outros, e a sociedade, como protetora de todos os seus membros, deve retaliá-la, deve infligir dores a ela pelo explícito propósito de punição, e deve cuidar que essa punição seja severa o suficiente. Neste caso, ela é um delinquente no nosso tribunal, e nós somos chamados não só para julgá-la, mas, de uma forma ou outra, para executar nossa sentença; no outro caso, não cabe a nós infligir nenhum sofrimento a ela, exceto o que possa vir, por acidente, do nosso uso da mesma liberdade que temos para dirigir nossos próprios assuntos que concedemos a ela nos seus.

A distinção aqui apontada, entre a parte da vida de uma pessoa que concerne apenas a ela e a parte que concerne aos outros, poderá ser recusada por muitas pessoas. Como (pode-se perguntar) pode qualquer parte da vida de um membro da sociedade ser um assunto indiferente para os outros membros da sociedade? Nenhuma pessoa é um ser completamente isolado, e é impossível para uma pessoa fazer algo sério ou permanente contra si mesma, sem que o malfeito não atinja pelo menos os que lhe estão mais próximos, e às vezes indo bem além deles. Se ela prejudica a sua propriedade, traz danos àqueles que direta ou indiretamente dela dependem para viver e, em geral, diminui em grau maior ou menor os recursos gerais da comunidade. Se ela faz deteriorar as suas faculdades mentais ou físicas, não somente prejudica aqueles cuja felicidade, em alguma medida, dependem dela, mas também desqualifica a si mesma quando se trata de prestar os serviços que ela deve, de maneira geral, às outras pessoas, tornando-se talvez um peso para a afeição e benevolência delas e, se tal conduta for muito frequente, dificilmente qualquer outra ofensa cometida poderia extrair mais da soma geral dos bens. Finalmente, se pelos seus vícios ou loucuras uma pessoa não causa danos diretos aos outros, ela no entanto (pode-se afirmar) pode ser daninha pelo seu exemplo, e deve ser compelida a se controlar, pelo bem daqueles que, por verem ou saberem de sua conduta, poderiam vir a ser corrompidos ou enganados.

E mesmo se (seria adicionado) as consequências da má conduta pudessem ser confinadas ao indivíduo vicioso ou desavisado, deveria a sociedade abandonar aos seus próprios recursos aqueles que claramente são incapazes de se guiar? Se a proteção contra si mesma é devida às crianças e pessoas menores de idade, não seria a sociedade também obrigada a dá-la a pessoas mais velhas que são igualmente incapazes de se autogovernar? Se o jogo, ou o alcoolismo, ou a incontinência, ou a vagabundice, são danosas para a felicidade, e são um obstáculo para a melhoria da vida tanto ou ainda mais que os atos proibidos pela lei, por que (pode-se argumentar) não deveria a lei, tanto quanto seria consistente com a praticidade e a conveniência social, se esforçar para reprimir aquelas coisas também? E como um suplemento para as imperfeições inevitáveis da lei, não deveria a opinião ao menos organizar um poderoso movimento contra aqueles vícios, e visitar duramente com penalidades sociais aqueles que são conhecidos por praticá-los? Aqui não se trata (pode ser dito) de restringir a individualidade, ou de impedir as tentativas de novas e originais experiências de vida. A única coisa que se pretende prevenir que aconteça são coisas que já foram julgadas e condenadas desde o início dos tempos até agora, coisas que a experiência mostra que não são nem úteis nem adequadas à individualidade de qualquer pessoa. Deve haver certo período de tempo e certa quantidade de experiências, depois dos quais uma verdade moral e prudencial possa ser vista como estabelecida: e o que se deseja é meramente se prevenir que geração após geração caia no mesmo precipício que foi fatal para as suas predecessoras.

Admito sem reservas que os malfeitos que uma pessoa comete contra si mesma pode afetar seriamente, através de suas simpatias e seus interesses, àqueles que lhe são próximos e, em grau menor, à sociedade como um todo. Quando, devido a condutas deste tipo, uma pessoa é levada a violar uma obrigação distinta e reconhecível que tem com outra pessoa ou pessoas, o caso já não mais pertence àqueles que interessam apenas a ela mesma, e torna-se portanto passível de uma desaprovação moral no sentido próprio do termo. Se, por exemplo, um homem, pela intemperança ou extravagância, torna-se incapaz de saldar suas dívidas, tendo se responsabilizado pela educação moral de uma família se torna, pelos mesmos motivos, incapaz de sustentá-la ou educá-la, ele é merecidamente criticado, e pode ser justamente punido, mas pela falha no dever que tinha para com seus familiares e com seus credores, e não pela sua extravagância. Se os recursos que a esses cabiam tivessem sido desviados para o mais prudente investimento, a culpa moral seria a mesma. George Barnwell matou seu tio para conseguir dinheiro para sua amante, mas se ele tivesse cometido o crime para montar um negócio próprio teria sido igualmente enforcado.[1] Do mesmo modo, no caso habitual de um homem que leva tristeza à sua família devido aos seus maus hábitos, esse homem merece críticas por sua falta de atenção ou ingratidão, mas também o mereceria se não estivesse cultivando hábitos em si ruins, mas que fossem dolorosos para aqueles com quem ele passa a vida, ou para aqueles que dele dependem para o seu conforto. Quem quer que falhe na consideração geralmente devida aos interesses e sentimentos dos outros, e que não seja compelido por algum dever imperativo ou justificado por uma autopreferência reconhecível, é objeto de uma reprovação moral por essa falha, mas não pela causa dela, nem pelos erros, que são meramente pessoais, que podem ter levado a ela. Da mesma maneira, quando uma pessoa, por uma conduta completamente egoísta, se torna incapaz de desempenhar um dever público que lhe foi incumbido, ela é culpada de uma ofensa social. Ninguém deve ser punido simplesmente por estar bêbado, mas um soldado

---

[1] Trata-se de um crime ocorrido na Inglaterra no início do século XVIII. [N.T.]

ou policial deve ser punido por beber em serviço. Em resumo, onde quer que haja um dano específico, ou um claro risco de dano específico, seja para o indivíduo seja para o público, o caso é tirado da província da liberdade e colocado naquela da moralidade ou da lei.

Mas tendo em vista a meramente contingente, ou, como pode ser chamada, injúria construtiva que uma pessoa causa à sociedade, por uma conduta que nem viola nenhum dever específico para com o público, nem, em nenhuma ocasião, fere alguma outra pessoa além de si mesma, a inconveniência é daquelas que a sociedade pode suportar, pelo bem maior da liberdade humana. Se pessoas já crescidas devessem ser punidas por não tomar conta de si mesmas, eu preferiria antes que isso se desse pelo bem delas, e não sob a pretensão de prevenir que elas prejudiquem a capacidade que deveriam ter de oferecer à sociedade benefícios que a sociedade não pode pretender de forma justa que tenha o direito de exigir. Mas não posso consentir em debater este ponto como se a sociedade não tivesse outros meios de levar os seus membros mais fracos ao nível de um padrão comum de conduta, além de esperar que eles façam algo irracional, para então puni-los, legal e moralmente. A sociedade tem um poder absoluto sobre eles durante toda a primeira parte de sua existência: ela tem todo o período da infância e da juventude para tentar conseguir que eles se tornem capazes de uma conduta racional durante a vida. A atual geração é senhora tanto do treinamento quanto das circunstâncias totais da próxima geração, ela não pode fazer com que esta seja perfeitamente boa e sábia, pois ela mesma é deficiente em bondade e sabedoria, e seus melhores esforços não são, em casos individuais, os mais bem sucedidos, mas ela é perfeitamente capaz de fazer a geração seguinte, como um todo, tão boa quanto, e um pouco melhor, do que ela própria. Se a sociedade permite a um número considerável de seus membros crescerem como se fossem crianças, incapazes de agirem segundo uma consideração racional de motivos distantes, a sociedade só pode culpar a si própria pelas consequências. Armada não apenas com os poderes da educação, mas com a ascendência que a autoridade das opiniões recebidas mantém sobre as mentes que são as mais incapazes de julgar por si mesmas, e ajudada pelas penalidades *naturais* que não podem deixar de recair sobre aqueles que incorrem na desaprovação ou desprezo das pessoas que os conhecem, que não se deixe então a sociedade pretender que necessita, acima de tudo, do poder de emitir comandos e de forçar a obediência em assuntos que são do interesse pessoal dos indivíduos, os quais, em todos os princípios de justiça e política, a decisão deve permanecer com aqueles que podem aguentar as consequências. Não há nada que tenda a desacreditar e a frustrar mais os melhores meios de influenciar as condutas do que o recurso ao pior. Se entre aqueles nos quais está se tentando impor a prudência ou a temperança houver alguma quantidade da matéria dos quais os caracteres independentes são feitos, eles infalivelmente se rebelarão contra essa tentativa. Nenhuma pessoa desse tipo jamais sentirá que o outro tem o direito de controlá-la no que toca só a ela, tal como eles têm o direito de prevenir que ela lhes cause dano nos seus interesses particulares, e facilmente chega a ser considerada uma amostra de espírito e de coragem se opor diretamente a essa autoridade usurpada, e ostensivamente fazer o contrário do que ela ordena, como mostra a moda da grosseria que, nos tempos do rei Carlos II, sucedeu à intolerância fanática dos Puritanos. A respeito do que é dito sobre a necessidade de proteger a sociedade do mau exemplo dado pelos viciosos ou autoindulgentes às outras pessoas, é verdade que o mau exemplo pode ter um efeito pernicioso, especialmente o exemplo de se fazer mal aos outros sem que o malfeitor seja punido. Mas estamos aqui falando sobre um tipo de conduta que, embora não faça mal aos outros, se supõe que faça um grande dano ao próprio agente, e não vejo como alguém que acredita nisso pode não pensar que o exemplo, ao cabo, deva ser mais salutar que doloroso, já que, se ele mostra a má conduta, mostra também as dolorosas ou degradantes consequências que, se tal conduta é justamente censurada, devem supostamente seguir-se à maior parte dos casos semelhantes.

Mas o mais poderoso de todos os argumentos contra a interferência do público em questões de conduta puramente pessoal é o de que, quando ela ocorre, as probabilidades sejam de que interfira erradamente, e no lugar errado. Sobre questões de moralidade social, de dever para com os outros, a opinião do público, isto é, da maioria, apesar de estar frequentemente errada, o mais das vezes provavelmente estará correta, pois nestas questões do público se requererá que julgue seus próprios interesses, isto é, de modo que nenhuma conduta, se permitida, iria afetá-la. Mas a opinião de semelhante maioria, imposta como lei sobre a minoria, sobre questões de conduta particular, pode estar tanto certa quanto errada. Porque nestes casos a opinião pública significa, no melhor dos casos, a opinião de algumas pessoas sobre o que é bom ou mau para outras pessoas, e na verdade na maioria dos casos nem sequer chega a tanto: o público, na mais perfeita indiferença, sobrepujando o prazer ou a conveniência daqueles a quem censura, e atentando apenas para seus próprios interesses. Há muitos que consideram uma injúria para si qualquer conduta que lhes possa ser desagradável, e que se ressentem dela como um ultraje aos seus sentimentos, tal como aquele fanático religioso que, quando acusado de desrespeitar os sentimentos religiosos dos outros, respondeu que eles é que desrespeitavam os seus sentimentos, ao persistirem nos seus abomináveis rituais e crenças. Mas não há paridade entre o sentimento de uma pessoa por sua própria opinião e o sentimento de outra pessoa que se sente ofendida por aquela pessoa ter essa opinião, não mais do que o desejo de um ladrão em levar a carteira de uma pessoa e o desejo do legítimo dono dela em conservá-la. E o gosto de uma pessoa é tanto de seu interesse particular quanto a sua opinião ou sua carteira. Seria fácil para alguém imaginar um público ideal, que deixa em paz a liberdade e a escolha dos indivíduos em todos os assuntos incertos, e que somente requer deles que se abstenham de modos de conduta que a experiência universal condenou. Mas onde se viu um público que colocou esses limites para a sua censura? Ou desde quando o público se importa com a experiência universal? Nas suas interferências na conduta de uma pessoa, o público raramente pensa em outra coisa que a enormidade dos atos e sentimentos com que discorda, e esse padrão de julgamento, mal ocultado, é o que é oferecido à humanidade, por nove em cada dez moralistas e escritores especulativos, como prescrições da religião e da filosofia. Esses autores ensinam que coisas são certas porque são certas, porque nós sentimos que assim é. Dizem-nos que procuremos em nossas mentes e corações pelas leis da conduta que nos sujeitam. O que pode o pobre público fazer senão aplicar essas instruções, e tornar os seus sentimentos pessoais do bem e do mal, se esses são toleravelmente unânimes nele, obrigatórios para todo o resto do mundo?

O mal aqui apontado não existe apenas em teoria, e deve ser talvez esperado que eu especifique as instâncias nas quais o público dessa nossa época e país de forma imprópria dignifica suas preferências com o caráter de um sentimento moral. Não estou escrevendo um ensaio a respeito das aberrações do atual sentimento moral. Este é um assunto pesado demais para ser discutido parenteticamente, e por meio de exemplos. Ainda assim, exemplos são necessários, para mostrar que o princípio que sustento é sério e tem importância prática, e que não estou lutando para levantar uma barreira contra males imaginários. E não há dificuldade nenhuma em mostrar, através de vários exemplos, que entender os limites do que pode ser chamado de policiamento moral, até que este cerceie a mais inquestionavelmente legítima liberdade do indivíduo, é uma das mais universais de todas as propensões humanas.

Como primeiro exemplo, que se considerem as antipatias que os homens cultivam, sem bom fundamento, com as pessoas cujas opiniões religiosas são diferentes das deles, que não praticam as observâncias de sua religião, especialmente as abstinências de cunho religioso. Para mencionar um exemplo até trivial, nada na prática e nas crenças dos cristãos aumenta ainda mais o ódio dos maometanos contra eles do que o fato de os cristãos comerem carne de porco. Há poucos atos que os cristãos e os europeus contemplem com maior desgosto, do que o desgosto com que os maometanos contemplam esse modo específico de se saciar a fome. Em primeiro lugar, é uma ofensa contra a sua religião, mas essa circunstância não explica nem o grau nem a qualidade de sua repugnância, pois o vinho é também proibido por sua religião, e consumi-lo é visto por todos os muçulmanos como errado, mas não como asqueroso. A aversão deles pela carne de um "animal impuro" é, pelo contrário, de um caráter peculiar, assemelhando-se a uma antipatia instintiva, que a ideia de impureza, uma vez completamente inserida nos sentimentos, parece sempre excitar, mesmo naqueles cujos hábitos pessoais estejam longe de serem escrupulosamente limpos, e nos quais o sentimento de impureza religiosa, tão forte entre os hindus, é um exemplo marcante. Suponha-se agora que exista um povo, do qual a maioria é formada por muçulmanos, e que essa maioria insista em não permitir que carne de porco seja consumida dentro das fronteiras deste país. Essa não seria nenhuma novidade em um país maometano.[2] Legitimaria isso o exercício da autori-

---

[2] O caso dos parses em Bombaim é um curioso exemplo deste ponto. Quando essa tribo trabalhadora e empreendedora, os descendentes dos persas adoradores do fogo, fugindo de seu país natal com o avanço dos califas, chegaram até a Índia ocidental, eles foram admitidos indulgentemente pelo soberano indiano, sob a condição de não comerem carne de vaca. Quando mais tarde aquelas regiões caíram sob o domínio de conquistadores maometanos, os parses obtiveram a continuação da indulgência, sob a condição de se absterem da carne de porco. O que primeiro era obediência à autoridade tornou-se uma segunda natureza, e os parses, até o dia de hoje, se abstêm tanto da carne de vaca quanto da de porco. Apesar de não ser requerida por

dade moral da opinião pública? E, se não, por que não? A prática é de fato revoltante para tal público. E eles sinceramente pensam que ela é proibida e abominada por sua divindade. Nem sequer pode essa proibição ser censurada como uma perseguição religiosa. Ela pode ter sido religiosa em sua origem, mas não poderia ser uma perseguição por motivos religiosos, já que nenhuma religião faz do consumo da carne de porco um dever. O único terreno sensível de condenação seria o de que não é assunto do público interferir com os gostos pessoais e interesses particulares dos indivíduos.

Trazendo o tema mais para perto de nós: a maioria dos espanhóis considera uma grande impiedade, ofensiva no mais alto grau ao Ser Supremo, que se preste culto a ele de outra maneira que não a católica romana, e nenhuma outra forma de culto é legal em solo espanhol. Os povos de todo o sul da Europa olham para o casamento dos clérigos não somente como antirreligioso, mas também como algo voluptuoso, indecente, baixo e revoltante. O que os protestantes pensam sobre esses sentimentos perfeitamente sinceros, e sobre as tentativas de impô-los sobre os não-católicos? No entanto, se a humanidade tem justificativas para interferir com a liberdade de pessoas em coisas que não são do interesse das outras pessoas, sob qual princípio é possível se excluir, com consistência, os casos mostrados acima? Ou quem pode culpar pessoas por desejar suprimir aquilo que eles percebem como um escândalo aos olhos de Deus e dos homens? Um caso mais forte não pode ser apresentado, no que se refere a proibir aquelas práticas

---

sua religião, a dupla abstinência com o tempo tornou-se um costume da sua tribo, e o costume, no Oriente, é uma religião. [N.A.]

que, na visão de alguns, são impiedosas, e a menos que estejamos dispostos a adotar a lógica dos inquisidores, e dizer que devemos perseguir os outros porque estamos certos, e que eles não devem nos perseguir porque estão errados, devemos tomar cuidado em admitir um princípio que veríamos como uma grande injustiça se fosse aplicado contra nós.

Os exemplos anteriores podem ser refutados, apesar de irracionalmente, como tendo sido retirados de contingências impossíveis de acontecer entre nós: neste país a opinião não sendo, provavelmente, de molde a forçar a abstinência de carnes, ou interferir no culto das pessoas, ou em casar ou não casar, de acordo com sua crença e vontade. No entanto, o próximo exemplo deve ser tomado como uma interferência com a liberdade que de maneira nenhuma nós superamos de vez. Onde quer que os puritanos fossem suficientemente fortes, como na Nova Inglaterra e na Grã Bretanha nos tempos de Cromwell, eles se esforçaram, com considerável êxito, em abolir todos os divertimentos públicos, e quase que todos os privados: música, dança, esportes, ou outras reuniões com o propósito de diversão, e o teatro. Ainda existe neste país um largo contingente de pessoas cuja noção de moralidade e religião condena essas recreações, e desde que essas pessoas pertencem à classe média ascendente na presente condição política e social do reino, não é nada impossível que pessoas que compartilham desses sentimentos cedo ou tarde comandem a maioria no Parlamento. Será que a porção restante da comunidade apreciará ter as diversões que lhes são permitidas regulamentadas pelos sentimentos religiosos e morais dos mais fechados calvinistas e metodistas? Não irá ela, com considerável energia, desejar que esses pios e mandões membros da sociedade cuidem de seus próprios negócios? E é isso exatamente que deve ser dito a todo governo e todo público que pretenda que toda e qualquer pessoa não possa usufruir dos prazeres que eles pensam ser errados. Mas se o princípio da pretensão for admitido, ninguém pode razoavelmente objetar que ele esteja sendo usado no sentido que a maioria, ou outro poder preponderante no país, queira, e todas as pessoas devem estar dispostas a se conformar com a ideia de uma comunidade cristã, tal como entendida pelos primeiros colonizadores da Nova Inglaterra, se uma religião similar à deles um dia conseguir recuperar o terreno que perdeu, como as religiões supostamente em declínio são conhecidas por conseguirem.

Pode-se imaginar outra situação, talvez mais provável de acontecer do que a última mencionada. Há, confessadamente, uma forte tendência no mundo moderno na direção de uma constituição democrática da sociedade, acompanhada ou não por instituições políticas populares. Diz-se que no país onde essa tendência é mais clara, onde a sociedade e o governo são os mais democráticos — os Estados Unidos —, o sentimento da maioria, para quem qualquer amostra de um estilo de vida mais caro ou suntuoso do que o que ela pode aspirar a ter é desagradável, pôs em operação uma lei suntuária razoavelmente efetiva, e que em muitas partes da União torna de fato difícil para uma pessoa que tenha uma renda muito alta achar um modo de gastar o seu dinheiro sem que incorra na desaprovação popular. Apesar de declarações como essas serem sem dúvida um exagero diante da situação real, o estado de coisas assim descrito não é apenas concebível e possível, mas também um resultado provável do sentimento democrático, combinado com a noção de que o público tem o direito de veto sobre as maneiras que o indivíduo pode gastar a sua renda. Temos somente que supor uma difusão considerável das opiniões socialistas, e pode se tornar infamante aos olhos da maioria possuir mais propriedade além de uma pequena quantidade, ou que se tenha renda que não advenha do trabalho manual. Opiniões semelhantes a essas já prevalecem entre a classe dos artesãos, e pesa opressivamente naqueles que são suscetíveis às opiniões dessa classe, isto é, os seus próprios membros. É sabido que os maus trabalhadores, que formam a maioria dos que trabalham em muitos ramos da indústria, são decididamente a favor da opinião de que os maus trabalhadores devem receber o mesmo salário que os bons, e que ninguém deve, por trabalho extra ou de outra maneira, ganhar mais pela sua habilidade maior, do que os outros, que não a tem, conseguem. E esses trabalhadores utilizam um controle moral, que pode se tornar físico, para impedir os trabalhadores habilidosos de receber, e os patrões de pagarem, uma remuneração maior por um serviço melhor. Se o público tivesse qualquer jurisdição sobre assuntos particulares, não posso ver como essas pessoas poderiam estar em erro, e como o público a que cada indivíduo particular pertence pode ser criticado por exercer a mesma autoridade sobre a conduta individual que o público em geral exerce sobre as pessoas em geral.

Mas, sem ficar parando em casos supostos, nos nossos dias ocorrem grandes usurpações da liberdade da vida privada, realmente praticadas, e ameaças ainda maiores, que tem alguma possibilidade de sucesso, e opiniões que asseveram ser um direito ilimitado do público não somente proibir por lei tudo o que ele pensa ser errado, mas também para se conseguir chegar ao que se pensa ser errado, se proibir conjuntamente uma série de coisas que se admitem serem inocentes.

Sob alegação de se prevenir a intemperança, o povo de uma colônia inglesa, e de quase metade dos Estados Unidos, foi proibido por lei de fazer qualquer uso de bebidas fermentadas, exceto para fins médicos, pois a proibição da fabricação dessas bebidas é, de fato, e como foi planejado que fosse, a proibição de seu uso. E apesar de a impossibilidade de pôr a lei em prática ter feito com que ela fosse revogada em vários estados que a haviam adotado, apesar disso uma tentativa começou, e está sendo prosseguida com considerável zelo por muitos filantropos, para que uma lei semelhante seja aplicada ao país inteiro. A associação, ou "Aliança", como ela se chama a si mesma, que foi formada com esse propósito, tem adquirido certa notoriedade pela publicidade que foi dada à correspondência ocorrida entre o seu secretário e um dos pouquíssimos homens públicos que mantém que as opiniões de um político devem ser baseadas sobre princípios. A parcela de Lorde Stanley nessa correspondência confirma que as esperanças já nele depositadas sejam fortalecidas por aqueles que sabem o quão raras são essas qualidades, tais como manifestadas em algumas de suas aparições públicas, e que infelizmente pouco aparecem naqueles que fazem parte da vida política. O órgão da Aliança, que desejaria indicar que "deplora profundamente o reconhecimento de qualquer princípio que pode ser entendido como justificando o fanatismo e a perseguição", intenta apontar a "barreira ampla e intransponível" que divide tais princípios dos da associação.

Todos os assuntos relacionados com o pensamento, a opinião, consciência, para mim, afirma o órgão, são vistos como estando além da esfera da legislação; e todos aqueles que pertencem aos atos, hábitos e relações sociais, sujeitos a um poder discricionário assumido pelo próprio Estado, pertencem àquela esfera.

Nenhuma menção é feita a uma terceira classe, diferente de ambas as anteriores, a saber, atos e hábitos que não são sociais, mas individuais, apesar de ser certamente a esta classe que o hábito de beber licores fermentados pertence. Vender licores fermentados, no entanto, é comércio, e o comércio é um ato social. Mas o que os intransigentes reclamam não é da liberdade do vendedor, mas sim da liberdade do comprador e usuário, já que o Estado pode na prática proibi-lo de beber, ao tornar impossível conseguir a bebida. No entanto, o secretário da Aliança afirma: "Reivindico o direito, como cidadão, de legislar quando os meus direitos sociais são invadidos pelos atos sociais dos outros". A definição desses direitos sociais é:

Se alguma coisa invade meus direitos sociais, certamente é o comércio de bebidas fortes. Ele destrói o meu direito primordial de segurança, através da criação e estímulos contínuos da desordem social. Invade meu direito à equidade, pela criação de uma miséria que eu devo, através de meus impostos, ajudar a manter. Impede o meu direito ao livre desenvolvimento moral e intelectual, ao cercar meus caminhos com perigos, e por enfraquecer e desmoralizar a sociedade, da qual eu tenho o direito de reivindicar auxílio mútuo e relações.

Uma teoria de "direitos sociais", da qual nunca se viu nada igual expresso numa linguagem distinta, que se resume a isso: Que é o absoluto direito de todo indivíduo que cada outro indivíduo deve agir em cada instância como ele próprio, e quem quer que falhe o mínimo que seja nisso, viola o meu direito social, e me capacita a requerer da legislação que essa perturbação seja removida. Um princípio tão monstruoso é mais perigoso do que uma única interferência com a liberdade, pois não há nenhuma interferência com a liberdade que não se possa justificar; esse princípio não reconhece nenhum direito à liberdade, exceto talvez o de manter algumas opiniões em segredo, sem jamais revelá-las, pois, no momento em que uma opinião que eu considere prejudicial saia pelos lábios de alguém, ela invade os meus "direitos sociais", se seguirmos os princípios da Aliança. Essa doutrina concede a toda humanidade um interesse explícito na perfeição intelectual, moral e até física, de toda outra pessoa, que será definido por cada reclamante de acordo com os próprios padrões deste.

Outro exemplo importante da interferência ilegítima com a justa liberdade do indivíduo, que não é apenas uma ameaça, mas que há muito já foi levada em efeito triunfal, é a legislação a respeito do sábado. Sem dúvida, a abstinência de um dia da semana da ocupação diária habitual, tanto quanto as exigências da vida o permitirem, apesar de não ser uma observância religiosa obrigatória para ninguém exceto os judeus, é um costume altamente benéfico. E já que este costume não poderia ser observado sem o consentimento geral das classes industriais, e porque algumas pessoas, por trabalharem neste dia, podem acabar impondo a mesma necessidade a outras, pode ser permitido e é justo que a lei deva garantir a cada um a observância pelos outros deste costume, através da suspensão das operações maiores da indústria em um dia determinado. Mas esta justificação, fundamentada no interesse direto que as pessoas têm na observância individual desta prática, não se aplica às atividades que uma pessoa escolhe por pensar que lhe são adequadas em seu tempo livre, e nem pode ser tida como adequada, nem no mais ínfimo grau, para restrições legais sobre os divertimentos. É bem verdade que a diversão de alguns é o trabalho de outros, mas o prazer, para nada dizer da recreação útil, vale bem o trabalho de alguns, desde que este trabalho seja livremente escolhido e possa ser livremente abandonado. Os trabalhadores estão perfeitamente certos ao pensarem que se todos trabalhassem aos domingos, sete dias de trabalho seriam trocados pelo salário de seis dias, mas se o trabalho de uma grande massa de trabalhadores ficar suspenso, o pequeno número daqueles que ainda devem trabalhar para o divertimento dos outros obtém um aumento proporcional de sua renda, e esses não seriam obrigados a seguir essa ocupação, se preferissem o descanso ao pagamento. Se outro remédio é procurado, ele pode ser encontrado no estabelecimento de um dia de descanso em qualquer outro dia da semana para essa classe particular de pessoas. A única base, portanto, na qual restrições aos divertimentos dominicais podem ser defendidas, deve ser a de que eles são de um ponto de vista religioso errados, um motivo de legislação que nunca se deve deixar de protestar com todas as forças. "*Deorum injuriae, Diis curae*".[3] Permanece ainda para ser provado que a sociedade ou qualquer de seus detentores de cargos foram autorizados pelos céus para

---

[3] "Das injúrias aos deuses os deuses se vingam". Tácito, *Anais*. [N.T.]

vingar qualquer suposta ofensa ao Onipotente que não seja uma ofensa também aos nossos pares. A noção de que o dever de um homem para com o outro deva ser religioso foi o fundamento de todas as perseguições religiosas já perpetradas e, se admitida, as justificaria plenamente. Apesar do sentimento que aflora nas repetidas tentativas de se impedir as viagens de trens aos domingos, na resistência à abertura dos museus, o estado da mente indicado por essas ações é fundamentalmente o mesmo. É uma determinação em não se tolerar que outros façam o que é tolerado pela religião deles, porque tal coisa não é tolerada pela religião do perseguidor. É uma crença na qual Deus não só abomina o ato do descrente, mas que também não nos achará sem culpa, se deixarmos o descrente impune.

Não posso deixar de adicionar a estes exemplos da pouca importância dada à liberdade humana a linguagem da mais extremada perseguição que aparece na imprensa deste país, cada vez que é trazido à tona o fenômeno ímpar do Mormonismo. Muito pode ser dito sobre o inesperado e instrutivo fato de que uma alegada nova revelação, e uma religião fundada sobre ela, produto de uma palpável impostura, nem sequer sustentada pelo *prestige* de qualidades extraordinárias de seu fundador,[4] é acreditada por centenas de milhares de pessoas, e que foi transformada no fundamento de uma sociedade, na época dos jornais, das ferrovias e do telégrafo elétrico. O que nos interessaria se essa religião, como outras e melhores religiões, possui os seus mártires, se o seu profeta e fundador foi, por seus ensi-

---

[4] Joseph Smith, linchado depois de ser retirado da cadeia onde aguardava julgamento. [N.T.]

namentos, morto por uma multidão, se outros de seus adeptos perderam suas vidas pela mesma violência sem lei, se eles foram expulsos à força, como um corpo, da região onde tinham primeiro surgido, enquanto que, agora que eles foram perseguidos até um lugar solitário no meio de um deserto, muitos neste país declaram abertamente que seria correto (mas que não é conveniente) enviar uma expedição contra eles, e obrigá-los a se conformar com as opiniões das outras pessoas? O artigo da doutrina mormonista que mais provoca a antipatia, que mais impede sua passagem através das restrições comuns da tolerância religiosa, é a aceitação da poligamia, a qual, apesar de ser permitida aos maometanos, hindus e chineses, parece excitar uma animosidade interminável quando praticada por pessoas que falam inglês e que pretendem ser um tipo de cristão. Ninguém tem mais profunda desaprovação dessa instituição mórmon do que eu, seja por outras razões, ou seja porque ela, longe de ser apoiada pelo princípio da liberdade, é uma infração direta deste princípio, pondo metade da comunidade debaixo de correntes, e emancipando a outra metade de reciprocidade de obrigações com a metade acorrentada. Ainda assim, deve ser relembrado que essa relação é tão voluntária da parte das mulheres envolvidas nela, e que podem ser consideradas como sofrendo por isso, como o é em qualquer outra forma da instituição do casamento e, conquanto surpreendente esse fato possa aparecer, ele tem uma explicação nas ideias e costumes comuns do mundo, que ao ensinar as mulheres que o casamento deve ser considerado necessário, torna compreensível que muitas mulheres prefiram ser uma dentre várias esposas do que nunca se casar. Outros lugares não são inquiridos a reconhecer essas uniões, ou a liberar qualquer parte de sua população de suas próprias leis por causa das opiniões mormonistas. Mas quando os dissidentes acederam aos sentimentos hostis dos outros, muito mais do que poderia ser justamente demandado, quando eles deixaram os lugares nos quais sua doutrina era inaceitável, e estabeleceram-se num canto remoto da terra, que foram os primeiros a tornar habitável para seres humanos, é difícil ver por quais princípios, exceto os da tirania, eles podem ser impedidos de ali viverem sob quaisquer leis que lhes agradem, desde que não agridam outras nações, e permitam perfeita liberdade de ir embora àqueles que estiverem insatisfeitos com os modos ali vigentes. Um escritor, que em alguns aspectos é de considerável mérito, propôs (para usar suas próprias palavras) não uma cruzada, mas uma *civilizada* contra aquela comunidade polígama, para acabar com o que parece ser para ele um passo atrás na civilização. Penso também que é assim, mas não estou cônscio de que nenhuma comunidade tenha o direito de forçar outra a se tornar civilizada. Enquanto aqueles que sofrem sob leis ruins não apelarem para a ajuda de outras comunidades, não posso admitir que pessoas completamente estranhas a eles devam intervir e exigir que uma condição que todos os diretamente envolvidos achem satisfatória seja impedida porque é motivo de escândalo a pessoas que vivem milhares de milhas distantes, e que não tem parte ou interesse nela. Que elas enviem missionários, se quiserem, para pregar contra a situação e que elas, por meios justos (silenciar os pregadores não é um deles) se oponham ao progresso de doutrinas semelhantes entre seu próprio povo. Se a civilização levou a melhor sobre o barbarismo, quando o barbarismo tinha o mundo todo sob seus pés, é demais pretender ter medo de que o barbarismo, depois de ter decaído tanto, vai reviver e conquistar a civilização. Uma civilização que sucumbisse a um inimigo derrotado deveria primeiro se tornar tão degenerada a ponto de ninguém, nem os seus sacerdotes e mestres, nem ninguém mais, ter a capacidade, ou a vontade de se dar ao trabalho de defendê-la. Se for assim, quanto mais rápido essa civilização receber a ordem de partir, melhor. Ela pode ir do ruim ao péssimo, até que seja destruída e regenerada (como o Império do Ocidente)[5] pelos enérgicos bárbaros.

---

[5] Isto é, o Império Romano. [N.T.]

APLICAÇÕES

O PRINCÍPIO expresso nestas páginas deve ser, de modo geral, reconhecido como a base de discussão dos detalhes, antes que uma aplicação consistente deles em todos os numerosos departamentos do governo possa ser tentada com alguma possibilidade de êxito. As poucas observações que proponho fazer em questões de detalhes estão destinadas a ilustrar esse princípio, mais do que explicitá-los em todas as suas consequências. Ofereço não tanto aplicações, mas exemplos de aplicações, que podem deixar mais claros os significados e os limites das duas máximas que juntas formam toda a doutrina deste ensaio, e ajudar o julgamento, ao sustentar a balança entre eles, nos casos em que pareça ser duvidosa sua aplicação.

As máximas são que, primeiro, o indivíduo não pode ser responsabilizado, diante da sociedade, por suas ações, desde que elas não afetem o interesse de ninguém além dele mesmo. Conselho, intrusão, persuasão e afastamento das outras pessoas, e elas acharem isso necessário para o próprio bem delas, são as únicas medidas pelas quais a sociedade pode justificadamente exprimir o seu desagrado ou desaprovação com a conduta deste indivíduo. E, segundo, que pelas ações que forem prejudiciais aos interesses dos outros, o indivíduo é responsável, e pode estar sujeito seja a punições sociais ou legais, se a sociedade for de opinião que uma ou outra é necessária para a sua proteção.

Em primeiro lugar, não deve ser de maneira nenhuma suposto que, por causa dos danos, ou da probabilidade de danos, ao interesse dos outros, justamente o que justifica a interferência da sociedade, seja sempre justificável essa interferência. Em muitos casos, um indivíduo, enquanto busca um objetivo legítimo, necessariamente e portanto justificadamente, causa sofrimentos ou perdas a outras pessoas, ou impede que elas obtenham um bem que tinham uma razoável esperança de conseguir. Tais oposições de interesse entre indivíduos muitas vezes surgem de más instituições sociais, mas são inevitáveis enquanto essas instituições durarem, e algumas seriam inevitáveis sob qualquer instituição. Quem quer que seja bem sucedido numa profissão muito procurada ou num exame competitivo, quem quer que seja preferido a outra pessoa num objetivo que ambas desejem, colhe benefícios com as perdas de outras pessoas, de seus esforços em vão e de seus desapontamentos. Mas isso, por reconhecimento comum, é melhor para o interesse geral da humanidade do que se permitir que as pessoas busquem seus objetivos sem a ameaça deste tipo de consequências. Em outras palavras, a sociedade não dá direitos, sejam legais ou morais, para competidores desapontados, que imunizem contra esse tipo de sofrimento, e se sente chamada a interferir apenas quando os meios empregados para se alcançar um bom resultado não devem ser permitidos pelo interesse geral, a saber, fraude, engano ou força.

Do mesmo modo, o comércio é um ato social.

APLICAÇÕES

Quem quer que se lance a vender qualquer tipo de mercadoria ao público afeta os interesses de outras pessoas, e da sociedade em geral, e portanto a sua conduta, em princípio, fica sob a jurisdição da sociedade: por isso foi sustentado anteriormente ser dever dos governos, em todos os casos considerados de importância, fixar os preços e regulamentar os processos de manufatura. Mas agora se percebe, não sem antes uma longa luta ter ocorrido, que tanto o preço barato quanto a boa qualidade das mercadorias estão mais bem garantidas quando se deixa produtores e consumidores perfeitamente livres, a única restrição sendo a liberdade igual para todos os consumidores de fazer suas compras onde quiserem. Esta é a assim chamada doutrina do livre comércio, que se baseia em diferentes fundamentos, apesar de igualmente sólidos, que o princípio de liberdade individual defendido neste ensaio. As restrições sobre o comércio ou sobre a produção de artigos de comércio são de fato controles, e todo controle, *qualquer* controle, é um mal. Mas os controles neste assunto afetam somente a parte da conduta que a sociedade é competente para restringir, e são errados somente no sentido que não atingem o objetivo esperado. Já que o princípio da liberdade individual não está envolvido na doutrina do livre comércio, também não está envolvido na maioria das questões que surgem a respeito dos limites dessa doutrina como, por exemplo, quanto controle público é admissível com o fito de prevenir a fraude pela adulteração de produtos, ou até onde as precauções sanitárias ou medidas para proteger trabalhadores em ocupações perigosas devem ser impostas aos empregadores. Tais questões envolvem considerações de liberdade, mas somente no sentido em que deixar as pessoas por si mesmas é sempre melhor, *caeteris paribus*,[1] do que controlá-las, mas que essas questões possam vir a ser legitimamente controladas para se obter aqueles fins é, em princípio, inegável. Por outro lado, há questões relacionadas com a interferência no comércio que são essencialmente questões de liberdade, tais como a Lei de Maine, já mencionada, a proibição de importação de ópio para a China, a restrição para a venda de venenos, todos casos, resumindo, em que o objetivo da interferência é o de impossibilitar ou dificultar a aquisição de uma determinada mercadoria. Essas interferências são passíveis de objeção, não como infração da liberdade do produtor ou do vendedor, mas da liberdade do comprador.

Um desses exemplos, o da venda de venenos, abre uma nova questão: os limites corretos do que pode ser chamado de funções da polícia, o quanto a liberdade pode ser invadida legitimamente tendo em vista a prevenção de crimes ou de acidentes. Uma das mais indisputadas funções do governo, além de descobrir e punir o criminoso, é a de tomar precauções contra o crime antes de algum ser cometido. Entretanto, a função preventiva do governo está muito mais propensa a abusar da liberdade do que a função punitiva, pois dificilmente haverá uma parte da liberdade legítima de ação de um ser humano que não possa ser vista, até justamente, como aumentando as possibilidades de um tipo ou outro de delinquência. Mesmo assim, se a autoridade pública, ou mesmo uma pessoa privada, percebe que alguém está evidentemente se preparando para cometer um crime, eles não são obrigados a ficar inativos

[1] Tudo o mais sendo o mesmo. [N.T.]

APLICAÇÕES

até que o crime seja cometido, mas sim podem interferir para prevenir que aconteça. Se venenos só fossem comprados ou usados para a realização de homicídios, seria correto proibir a sua confecção e venda. No entanto, eles podem ser procurados para fins não só inocentes, mas até úteis, e restrições não podem ser impostas no primeiro caso sem afetar o segundo. Do mesmo modo, é função precípua da autoridade pública estar alerta para que acidentes não ocorram. Se um funcionário público ou qualquer outra pessoa vê alguém tentando cruzar uma ponte que se sabe que é insegura, e não há tempo para adverti-lo do perigo, eles podem segurá-lo e trazê-lo de volta, sem que sua liberdade tenha sido de fato restringida, pois a liberdade consiste em se fazer o que se quer, e ninguém quer cair num rio. Mesmo assim, quando não houver a certeza, mas só a possibilidade, de um acidente, ninguém, além da própria pessoa, pode julgar sobre a suficiência dos motivos que a levam a enfrentar o risco. Neste caso, portanto (a menos que ela seja uma criança, ou delirante, ou em algum estado de excitação ou ensimesmamento que a impeça de utilizar-se completamente de sua faculdade judicativa), ela deve, assim penso, ser alertada para o perigo apenas, e não ser impedida à força de se expor a ele. Considerações semelhantes, aplicadas à questão da venda de venenos, podem nos ajudar a decidir quais dentre os possíveis meios de regulamentação de venda são ou não contrários ao princípio da liberdade. Precauções tais como a de etiquetar a substância com palavras que indiquem o caráter perigoso podem ser implementadas sem violar a liberdade: o comprador não pode não querer saber que a droga que comprou tem qualidades venenosas. Mas exigir para todos os casos de compra uma receita de um médico tornaria a obtenção desse artigo para usos legítimos até impossível às vezes, e sempre mais cara. Para mim, o único modo pelo qual obstáculos podem ser levantados contra os crimes cometidos por esse meio, sem nenhuma infração que valha a pena ser levada em conta, para a liberdade daqueles que desejam a substância venenosa para outros propósitos, consiste em apresentar o que, nos termos adequados de Bentham, é chamado de "evidência pré-apontada". Essa provisão é conhecida por todos nos casos de contrato. É corriqueiro e correto que a lei, quando um contrato é registrado, requeira, como condições de seu cumprimento, que certas formalidades sejam observadas, como assinaturas, declarações de testemunhas, e assim por diante, para que em caso de alguma disputa posterior, haja provas de que o contrato foi de fato estabelecido, e que não havia nada nas suas circunstâncias que o tornasse legalmente inválido: o efeito sendo o de impedir a feitura de contratos fictícios, ou de contratos feitos sob circunstâncias que, se conhecidas, destruiriam sua validade. Precauções de natureza semelhante podem ser postas em uso quando da venda de artigos que podem ser utilizados como instrumentos de crimes. O vendedor, por exemplo, pode ter que registrar a hora exata da transação, o nome e o endereço do comprador, a quantidade e a qualidade do produto vendido, perguntar ao comprador qual a finalidade da compra e registrar a resposta dada. Quando não houver uma prescrição médica, a presença de uma terceira pessoa pode ser necessária, de modo que o comprador fique ciente, em caso de, posteriormente, haver razões para se acreditar que o artigo possa ter sido usado com intuitos criminosos. Regulamentos assim não seriam impedimentos materiais de monta para a obtenção do produto, mas seriam consideráveis impedimentos para quem pretendesse usar impropriamente o produto sem ser descoberto.

O direito, inerente à sociedade, de prevenir crimes contra si mesma através de precauções anteriores, sugere óbvias limitações para a máxima de que uma má conduta puramente autocentrada não está sujeita a meios de prevenção e de punição. A embriaguez, por exemplo, em casos comuns, não está sujeita à interferência legislativa, mas eu consideraria perfeitamente legítimo que uma pessoa, que tenha sido uma vez condenada por atos de violência contra os outros quando estava sob a influência da bebida, viesse a ser posta sob uma restrição legal especial, exclusivamente pessoal, e que se ela fosse mais tarde encontrada em estado de embriaguez, que ela pudesse ser punida e que, se nesse estado ela cometesse outra ofensa, a punição que viesse a ser imposta pudesse ter a sua severidade aumentada. Ficar embriagado, para alguém que a embriaguez leva a fazer mal aos outros, é um crime contra os outros. Assim também a vagabundagem, exceto para uma pessoa que esteja recebendo auxílio público, ou quando constitui uma quebra de contrato, não pode, a não ser tiranicamente, se tornar objeto de punição legal, mas se, seja por vagabundagem seja por qualquer outro motivo que pudesse ser superado, um homem não consegue cumprir seus deveres legais para com os outros, por exemplo, sustentar seus filhos, não é tirania forçá-lo a cumprir suas obrigações através de trabalho forçado, se outros meios não estiverem à disposição.

Assim também, há muitos atos que, sendo injuriosos de forma direta apenas para seus agentes, não devem ser impedidos legalmente, mas que, se praticados em público, são uma violação das boas maneiras e, caindo então sob a categoria de ofensas contra as outras pessoas, podem ser então legalmente proibidos. Deste tipo são as ofensas contra a decência, nas quais é desnecessário se demorar, já que estão conectadas apenas indiretamente com nosso assunto, a objeção da publicidade dos atos sendo igualmente forte contra muitas ações que não são em si condenáveis e que não se pensa que o devam ser.

Há outra questão para a qual uma resposta tem de ser encontrada, e que seja consistente com os princípios que já foram estabelecidos. Nos casos de conduta pessoal que se suponha serem criticáveis, mas que o respeito à liberdade não permite que a sociedade impeça ou puna, porque o mal resultante recai completamente sobre o agente, o que o agente é livre para fazer, outras pessoas não deveriam ser igualmente livres para aconselhar ou instigar? Esta questão não está isenta de dificuldades. O caso de uma pessoa que pede que outra cometa determinado ato não é estritamente um caso de conduta que só se refere a si mesma. Oferecer conselhos ou incentivos é um ato social e pode, portanto, como as ações em geral que afetam os outros, estar supostamente sujeita ao controle social. Mas um pouco de reflexão corrige essa primeira impressão, mostrando que se o caso não está estritamente dentro da definição de liberdade individual, ainda assim as razões nas quais os princípios da liberdade individual estão embasados são aplicáveis a ele. Se às pessoas deve ser permitido, no que só toca a elas, agir como lhes parecer melhor ao seu próprio risco, a elas deve ser permitido também que consultem livremente outras pessoas sobre o que deve ser feito, que troquem opiniões, e que recebam sugestões. O que quer que seja permitido fazer também pode ser aconselhado que se faça. A questão se torna duvidosa apenas quando o instigador recebe um benefício pessoal de seus conselhos, quando ele tem como ocupação, para sua subsistência ou ganho pecuniário, promover aquilo que a sociedade e o estado consideram ser um mal. Aí então um novo tipo de complicação se introduz, a saber, a existência de classes de pessoas que possuem um interesse oposto ao que é considerado o bem comum, e cujo modo de vida está baseado na contradição dele. Deve-se interferir nisso ou não? A fornicação, por exemplo, deve ser tolerada, assim como o jogo de azar, mas deve alguém ser livre para ser um cafetão, ou para ser o proprietário de um cassino? O caso é um dos que ficam na linha de demarcação entre os dois princípios, e não é aparentemente claro a qual dos lados esse caso propriamente pertence. Há argumentos para ambos os lados. Pelo lado da tolerância, pode-se alegar que o fato de ter algo como ocupação, e viver e ter lucro pela prática disso, não pode constituir um crime, já que tal prática seria de outra forma admissível; que o ato deve ser consistentemente permitido ou proibido; que se os princípios que até aqui temos defendido são verdadeiros, a sociedade não deve, *como* sociedade, decidir que algo que só afeta o indivíduo seja errado; que ela não pode ir além da dissuasão, e que uma pessoa deve ser livre para persuadir tanto quanto outra deve ser livre para dissuadir. Contrário a isto, pode-se afirmar que apesar de o público, ou o Estado, não ter o direito de decidir de forma taxativa, para propósitos de repressão ou punição, que tal ou tal conduta que afeta apenas os interesses de um indivíduo é boa ou má, eles estariam plenamente justificados em assumir, caso considerem essa conduta como má, que se ela é mesmo assim ou não é uma questão a ser discutida: pois, supondo desta maneira, eles não podem agir de forma errônea ao tentar excluir a influência de solicitações que não são desinteressadas, vindas de instigadores que não podem ser imparciais — que tem um interesse pessoal direto em um lado, o lado que o Estado acredita estar errado, e que confessam abertamente estarem promovendo apenas seus interesses pessoais. Na certa, como pode ser arguido, nada há para se perder, nenhum sacrifício do que é bom, por um ordenamento que leve as pessoas a fazer suas escolhas, certas ou erradas, por sua própria conta, tão livres quanto possível das artes de gente que estimularia as inclinações dos outros para servir a seus propósitos particulares. Assim (pode-se arrazoar), apesar das leis a respeito de jogos ilegais serem indefensáveis — apesar de todo mundo ser livre para jogar em sua própria casa ou na casa de outras pessoas, ou em qualquer lugar estabelecido por sua própria subscrição, aberto apenas aos membros registrados ou a visitantes —, os cassinos abertos ao público não devem ser permitidos. É verdade que a proibição nunca funciona muito bem, não importando qual o nível de poder tirânico que seja dado à polícia, as casas de jogos podem funcionar sob vários disfarces, mas elas podem ser forçadas a funcionar debaixo de certo grau de segredo e de mistério, de forma que só saberão algo sobre elas aqueles que as procurarem, e mais que isso, a sociedade não deve almejar. Há uma força considerável nestes argumentos. Não ousarei decidir se eles são suficientes para justificar a anomalia moral de se punir o acessório, enquanto que o principal fica (e deve ficar) incólume, multando ou aprisionando o intermediário, e não o fornicador, o dono da casa de jogos, mas não o jogador. Menos ainda a operação comum de venda e compra deve sofrer interferência por motivos semelhantes. Quase qualquer artigo que é comprado e vendido pode ser usado em excesso, e os vendedores têm um interesse pecuniário para encorajar esse excesso, mas nenhum argumento pode ser nisso baseado que favoreça, por exemplo, a Lei de Maine, pois a classe dos vendedores de bebidas fortes, apesar de interessada no uso abusivo da bebida, é indispensável ao uso legítimo da bebida. No entanto, o interesse desses vendedores em promover a intemperança é um mal real, e justifica que o Estado imponha restrições e peça garantias que, se não fosse pela justificação apresentada logo acima, seriam infrações da liberdade legítima.

Outra questão é se o Estado, embora as permita, não deveria desencorajar de forma indireta condutas que são vistas como contrárias ao melhor interesse do agente, se, por exemplo, ele não deveria tomar medidas para tornar os meios de se ficar embriagado mais caros, ou os tornar mais difíceis de serem encontrados limitando os números de locais de venda. Sobre essas, como sobre a maioria das questões práticas, muitas distinções precisam ser feitas. Taxar estimulantes apenas com o propósito de torná-los mais difíceis de serem obtidos é uma medida que difere apenas em grau da proibição completa, e seria justificável apenas se essa última fosse justificável. Cada aumento de preço é uma proibição, para aqueles cujos meios não alcançam os preços aumentados, e para aqueles que o conseguem, é uma penalidade dada a eles por gratificar um gosto particular. A escolha de prazeres, e o modo de gastar a renda, depois de satisfazer as suas obrigações legais e morais com o Estado e com outros, interessa apenas a cada pessoa, e deve permanecer dentro de seu próprio julgamento. Estas considerações podem à primeira vista parecer que condenam a escolha de estimulantes como objetos especiais de taxação para o propósito de aumento da renda estatal. Mas deve ser relembrado que a taxação para propósitos fiscais é absolutamente inevitável, e que em muitos países é necessário que uma considerável parte da taxação seja indireta, que o Estado, portanto, não pode deixar de impor taxas sobre o uso de alguns artigos de consumo que para algumas pessoas serão proibitivas. Portanto, é dever do Estado considerar, quando da imposição de taxas, quais mercadorias os consumidores podem melhor deixar de lado e, *a fortiori*, selecionar de preferência aqueles produtos cujo uso, além de uma quantidade moderada, pode ser positivamente prejudicial. Portanto, a taxação de estimulantes, até o ponto que produz a maior entrada de dinheiro (supondo que o Estado necessite de toda a renda que possa recolher) não é somente admissível, mas deve ser aprovada.

A questão sobre tornar a venda dessas mercadorias um privilégio mais ou menos exclusivo pode ter diferentes respostas, de acordo com o propósito para o qual a restrição é planejada. Todos os lugares com frequentação pública necessitam da atenção da polícia, e lugares onde se vendem bebidas mais ainda, já que ofensas à sociedade estão mais propensas a ocorrerem ali. Portanto, é adequado que se limite o poder de vender essas mercadorias a pessoas de conhecida, ou atestada, respeitabilidade de conduta, marcar horários de abertura e fechamento de modo a preencher os requisitos da vigilância pública, e retirar a licença de um lugar desses se perturbações da paz ocorrerem repetidamente nele, seja pela conveniência ou pela incapacidade do proprietário, ou se o lugar se tornar um valhacouto para planejamento de operações contra a lei. Qualquer outra restrição eu não concebo, em princípio, ser justificada. Por exemplo, a limitação do número de estabelecimentos que vendam cervejas e bebidas fortes, feita com o propósito expresso de tornar o acesso mais difícil a esses lugares, e diminuir as ocasiões para a tentação, não somente expõe a todos a uma inconveniência, porque na certa haverá alguns que abusarão das bebidas nesses lugares, mas essa limitação só é adequada a um estado da sociedade no qual as classes trabalhadoras são claramente tratadas como crianças ou selvagens, postos sob uma educação repressora, para adequá-los para uma futura admissão aos privilégios da liberdade. Esse não é o princípio no qual as classes trabalhadoras são reconhecidamente governadas em qualquer país livre, e ninguém que dê o devido valor à liberdade concordará que elas sejam governadas desta maneira, a menos que todos os esforços para educá-las para a liberdade e governá-las como homens livres tenham sido exauridos, e que tenha sido definitivamente provado que elas podem ser apenas governadas quais crianças. A simples expressão da alternativa mostra o absurdo de se supor que tais esforços tenham sido tentados em qualquer caso que necessite ser aqui considerado. É apenas porque as instituições deste país são uma massa de inconsistências que coisas assim, que pertencem ao sistema do despotismo ou do que é chamado de governo paternal, são admitidas nas nossas práticas, enquanto que a liberdade geral de nossas instituições impede o exercício da quantidade de controle necessário para tornar as restrições de qualquer eficácia como educação moral.

Foi apontado numa parte anterior deste ensaio que a liberdade do indivíduo, nas coisas que digam respeito somente ao indivíduo, implica uma liberdade correspondente para qualquer número de indivíduos regrarem por concordância mútua as coisas que dizem respeito a eles conjuntamente, e que não diz respeito a ninguém mais além deles mesmos. Esta questão não apresenta dificuldades, desde que as vontades das pessoas envolvidas continuem inalteradas, mas como isso pode mudar, é frequentemente necessário, mesmo nas coisas que só dizem respeito a elas, que entrem em negociações umas com as outras, e quando o fizerem, é adequado, como regra geral, que esses acordos sejam mantidos. No entanto, nas leis de provavelmente todos os países, essa regra geral tem exceções. Não somente ninguém deve manter acordos que violem os direitos de uma terceira parte, mas é muitas vezes considerada como uma razão para livrar as pessoas de um acordo que este seja daninho para elas. Neste, e em outros países civilizados, por exemplo, um acordo pelo qual uma pessoa possa vender a si mesma, ou se deixe vender, como escrava, deve ser tido como nulo e vazio, e não ser imposto nem pela lei nem pela opinião. A base para essa limitação do poder voluntário de uma pessoa de dispor voluntariamente de seu quinhão da vida é clara, e é vista com nitidez nesse caso extremo. A razão para a não interferência com os atos voluntários de uma pessoa, a menos que haja outras pessoas envolvidas, é a consideração pela sua liberdade. A escolha voluntária é a evidência de que o que ela escolheu lhe é desejável, ou pelo menos suportável, e que o seu bem é, no geral, mais bem alcançado permitindo que ela utilize os seus próprios meios para tanto. Mas, vendendo a si mesma ela abdica de sua liberdade, anulando qualquer uso dela no futuro através de um simples ato. Ela portanto derrota, em seu próprio caso, o real propósito que é a justificativa para deixá-la dispor de si mesma. Ela não está mais livre, mas está a partir daí numa posição na qual não valerá a prerrogativa a seu favor que poderia ser fornecida pela sua permanência voluntária nessa situação. O princípio da liberdade não pode exigir que ela deva ser livre para não ser livre. Não é liberdade se ter permissão para alienar a liberdade. Esses raciocínios, cuja força é conspícua neste caso particular, possuem evidentemente uma ampla aplicação, no entanto um limite é posto neles em toda parte pelas necessidades da vida, que continuadamente requerem não que devamos resignar a nossa liberdade, mas que devamos consentir com essa ou aquela limitação dela. Entretanto, o princípio, que exige liberdade de ação incontrolada no que só diz respeito aos agentes mesmos, requer que aqueles que fizeram acordos entre si, em coisas que envolvem uma terceira parte, possam separar uns dos outros desses compromissos: e mesmo sem tal desligamento voluntário, talvez não haja contratos ou compromissos, exceto no que se relaciona a dinheiro ou a valores, sobre os quais se possa ousar dizer que não há nenhuma liberdade de se retirar deles. O barão Wilhelm von Humboldt, no seu excelente ensaio que já citei, afirma ser sua convicção que os compromissos que envolvem relações pessoais ou de serviços só devem ser legalmente obrigatórios por um período limitado de tempo, e que o mais importante desses compromissos, o casamento, tendo a peculiaridade de seu objetivo estar frustrado a menos que os sentimentos das duas partes estejam em harmonia sobre ele, deve exigir apenas a vontade declarada de qualquer das partes para que seja dissolvido. Este assunto é importante demais, e complicado demais para ser discutido num parêntese, e tocarei nele apenas o quanto for necessário para propósitos de ilustração. Se a concisão e a generalidade da dissertação do barão Humboldt não o tivesse obrigado a se contentar com a enunciação de suas conclusões sem discutir as premissas, ele certamente teria reconhecido que a questão não pode ser decidida em bases tão simples como aquelas às quais ele se confinou. Quando uma pessoa, seja por promessa explícita ou por sua conduta, encorajou outra a confiar na continuação de seus atos de certa maneira — a criar expectativas e cálculos, e a colocar qualquer parte de seu plano de vida sob essa suposição —, um novo tipo de obrigações morais surge de sua parte para com a outra pessoa, que podem ser talvez descartadas, mas não ignoradas. Mais ainda, se a relação entre duas partes contratantes for acompanhada de consequências para outras pessoas, se colocar uma terceira parte numa posição específica ou, como no caso do casamento, fizer com que terceiras partes existam, surgem obrigações de ambos os contratantes para com aquelas terceiras pessoas — o cumprimento, ou o modo de cumprimento dessas obrigações, será grandemente afetado pela continuação ou disrupção da relação entre as partes originais do contrato. Admito que daí não se segue que essas obrigações se estendam de tal forma que exijam o cumprimento do contrato a todo custo, contra a felicidade da parte relutante, mas elas são um elemento necessário na questão, e mesmo se, como Von Humboldt sustenta, elas não devem apresentar nenhuma diferença na liberdade *legal* que as partes possuem de se livrar do compromisso (também mantenho que elas não devem fazer *muita* diferença), necessariamente fazem uma grande diferença para a liberdade moral. Uma pessoa deve levar em conta todas essas circunstâncias, antes de resolver a dar um passo que poderá vir a afetar importantes interesses de outras pessoas, e se ela não der o peso apropriado a esses interesses, ela é moralmente responsável pelo mal que pode acontecer. Lancei essas observações óbvias para ilustrar melhor o princípio geral da liberdade, e não porque elas sejam de maneira nenhuma necessárias para esta questão em particular, que, pelo contrário, é usualmente discutida como se os interesses dos filhos fossem tudo, e o das pessoas adultas nada.

Observei anteriormente que, devido à ausência de um princípio geral reconhecido, a liberdade é frequentemente concedida quando deveria ser retirada, e retirada quando deveria ser concedida, e um dos casos no qual, no atual mundo europeu, o sentimento de liberdade é mais profundo, esse sentimento está totalmente mal colocado. Uma pessoa deve ser livre para fazer como quiser em seus próprios assuntos, mas ela não deve ser livre para agir como quiser por outra pessoa, pretextando que os assuntos de outras pessoas são também seus assuntos. O Estado, enquanto respeita a liberdade de cada pessoa no que especificamente diz respeito a ela, é obrigado a manter um controle vigilante sobre qualquer poder que lhe seja concedido exercer sobre outras pessoas. Essa obrigação é quase que totalmente negligenciada no caso das relações familiares, um caso que, pela sua influência sobre a felicidade humana, é mais importante do que todos os outros somados. O poder quase despótico dos maridos sobre as esposas não precisa ser tratado com maior espaço agora, porque nada mais é tão necessário para a remoção completa do mal do que as esposas virem a ter os mesmos direitos, e receberem a mesma proteção da lei da mesma maneira que todos e porque, neste assunto, os defensores da injustiça vigente não se apresentam como campeões da liberdade, mas sim, e abertamente, como campeões do poder. É no caso das crianças que aquelas deslocadas noções de liberdade são um obstáculo real para que o Estado cumpra os seus deveres. Alguém poderia vir a pensar até que os filhos de um homem são literalmente, e não metaforicamente, uma parte dele, tal o ciúmes demonstrado diante da menor interferência da lei com o controle absoluto e exclusivo que mantém sobre eles, mais ciumento do que em quase qualquer interferência sobre a sua própria liberdade de ação, tanto a maior parte da humanidade valoriza mais o poder do que a liberdade. Considere, por exemplo, o caso da educação. Não seria um axioma autoevidente, que o Estado deve requerer e exigir a educação de todo ser humano que nasceu seu cidadão, até certo padrão? No entanto, quem é que não tem receio de reconhecer e afirmar esta verdade? Dificilmente se negará que é um dos deveres sagrados dos pais (ou, como a lei e o uso agora colocam, do pai), depois de colocar um ser humano no mundo, proporcionar àquele ser uma educação que lhe dê condição de cumprir bem a sua parte na vida para com os outros e para consigo mesmo. Mas, enquanto se afirma unanimemente ser este o dever do pai, dificilmente se encontrará, neste país, alguém que queira ouvir sobre ser obrigado a cumprir esse dever. Ao invés de ser obrigado a fazer qualquer esforço ou sacrifício para assegurar a educação da criança, se deixa à sua escolha aceitar ou não a educação quando esta é dada gratuitamente! Permanece ainda sem ser reconhecido que trazer uma criança ao mundo sem que haja uma boa possibilidade de dar a ela não apenas alimento para seu corpo, mas instrução e treinamento para sua mente, é um crime moral, tanto contra o desafortunado rebento quanto contra a sociedade, e que se o pai não cumpre essa obrigação, o Estado deve fazer com que ela seja cumprida, com o próprio pai, tanto quanto isso seja possível, pagando as despesas.

Fosse admitido o dever da exigência da educação universal, não haveria fim nas controvérsias sobre o quê e como o Estado deveria ensinar, que atualmente tornam esses assuntos um mero campo de batalha para seitas e partidos, despendendo o tempo e o trabalho que deveria ter sido gasto para educar em querelas sobre a educação. Se o governo decidisse *exigir* que cada criança tivesse uma boa educação, poderia se livrar do problema de *prover* essa educação. Deveria deixar aos pais arranjar a educação como e onde achassem melhor, e se contentar em ajudar a pagar as despesas escolares para as crianças das classes mais pobres, e custear todo o estudo daquelas que não tivessem ninguém mais que pudesse pagar por elas. As objeções corretamente levantadas contra a educação estatal não se aplicam à exigência da educação obrigatória por parte do Estado, mas sim à direção dessa educação pelo Estado, o que é algo totalmente distinto. Eu vou tão longe quanto qualquer um nas críticas à ideia de que toda a educação das pessoas, ou a sua maior parte, deva estar nas mãos do Estado. Tudo o que tem sido dito sobre a importância da individualidade do caráter e sobre as diversidades de opiniões e modos de conduta envolve, com importância inexprimível, a diversidade de educação. Uma educação geral estatal é apenas um meio para se moldar as pessoas uma exatamente como a outra, e como os moldes nas quais elas são postas são aqueles que agradam ao poder dominante, seja ele monárquico, sacerdotal, aristocrático, ou o da maior parte da geração atual, e, na proporção em que ela é eficiente e bem sucedida, estabelece um despotismo sobre a mente que leva, por uma tendência natural, a um despotismo sobre o corpo. Uma educação estabelecida e controlada pelo Estado deveria apenas existir, se devesse existir alguma, apenas um entre muitos experimentos em competição, levado a cabo com o propósito de exemplo e estímulo, para manter os outros dentro de certo padrão de excelência. De fato, apenas se a sociedade estiver num estado tão atrasado que não consiga prover por si própria nenhuma instituição educacional adequada, o governo deve tomar o encargo; então, o governo pode, como o menor entre dois males, se encarregar da administração de escolas e universidades, como pode fazer com companhias privadas, quando estas não existirem no país de um modo que lhes permita fazer grandes empreendimentos da indústria. Mas, de modo geral, se o país tiver um suficiente número de pessoas qualificadas que possam dar educação sob auspícios governamentais, essas mesmas pessoas estarão hábeis e dispostas a dar uma educação igualmente boa em princípios voluntários, sob a segurança de uma remuneração dada por uma lei que obrigue a uma educação compulsória, combinada com a ajuda estatal para aqueles que não puderem arcar com as despesas com a educação.

O instrumento para fazer a lei funcionar não pode ser outro que o dos exames públicos, que abrangeriam todas as crianças, e que começariam quando estas tivessem ainda pouca idade. Deve ser fixada uma idade a partir da qual cada criança seria submetida a um exame, para se constatar se ele, ou ela, sabe ler. Se uma criança mostra que é incapaz disso, seu pai, a menos que apresente desculpas aceitáveis, seria multado numa quantia módica que, se tal fosse preciso, seria retirada de seu trabalho, e a criança posta numa escola onde as despesas seriam pagas por ele. Uma vez por ano o exame deve ser repetido, aumentando-se a gama de matérias gradualmente, de forma a tornar a aquisição universal de certo grau mínimo de conhecimento, e mais ainda sua retenção, virtualmente compulsória. Além desse mínimo, devem ocorrer exames voluntários em todos os assuntos, e todos que chegassem a um nível padrão de proficiência poderiam exigir um certificado. Para prevenir que o Estado, através dessas medidas, exerça uma influência inapropriada sobre a opinião, o conhecimento a ser requerido para que se passe num exame (além das partes meramente instrumentais do conhecimento, como as das linguagens e seu uso) deve, mesmo nos exames mais avançados, estar confinado exclusivamente aos fatos e às ciências. Os exames sobre religião, política, ou outros tópicos disputados, não devem girar sobre verdades e falsidades de opiniões, mas sobre a matéria de fato em que tal e tal opinião é sustentada, em tal ou tal base, por tal ou tal autor, ou escola, ou igreja. Sob este sistema, a geração que surge não estará em pior situação, a respeito de todas as verdades em disputas, do que a geração atual: ela crescerá como ortodoxa ou heterodoxa, tal como é agora, o Estado apenas tomando cuidado para que seja instruída por ortodoxos e heterodoxos bem instruídos. Não há nada que impeça que a religião seja ensinada nas mesmas escolas em que outras matérias o são. Todas as tentativas do Estado em influenciar as conclusões de seus cidadãos são más, mas seria muito apropriado que se oferecesse a oportunidade de se aferir e certificar que uma pessoa realmente seja detentora de um conhecimento, sobre um determinado assunto, que poderia se levar em conta. Um estudante de filosofia estaria mais bem posicionado se fosse capaz de passar por um exame que versasse sobre Locke e Kant, seja qualquer dos dois, ou nenhum, o que ele siga, e não há objeção razoável em se examinar um ateu sobre as evidências do cristianismo, desde que não se requeira que ele professe sua crença nesta fé. No entanto, os exames nos altos ramos do conhecimento, penso que devem ser completamente voluntários. Seria dar ao governo um poder excessivamente perigoso se ele tivesse a capacidade de excluir qualquer pessoa de uma profissão, mesmo da profissão de professor, devido a uma alegada falta de qualificações, e penso, juntamente com Wilhelm von Humboldt[2] que graus, ou outros certificados públicos de conhecimentos científicos ou profissionais, devem ser concedidos a todos aqueles que se apresentarem para fazerem os exames e que passarem neles, mas que esses certificados não devem conferir nenhuma vantagem sobre outros competidores, mais do que o peso que possa ser dado pela opinião pública à sua existência.

Não é apenas em assuntos de educação que mal colocadas noções de liberdade impedem que obrigações morais por parte dos pais sejam reconhecidas, e que obrigações legais sejam impostas, isso quando há sempre sólidos motivos para as primeiras e muitas vezes para as segundas. O próprio fato de causar a existência de um ser humano é uma das ações que carregam mais responsabilidades dentre os confins da vida humana. Tomar essa responsabilidade — fazer surgir uma vida que pode ser tanto uma maldição quanto uma bênção —, a menos que o ser ao qual a vida está sendo dada tenha pelo menos uma chance mediana de usufruir de uma existência agradável, é um crime contra esse ser. E num país superpovoado, ou a ponto de se tornar, produzir filhos, além de um número bem pequeno, com o propósito de reduzir a paga do trabalho através do aumento de competidores, é uma séria ofensa contra aqueles que vivem de seu trabalho. As leis que, nos países da Europa, proíbem o casamento a menos que os interessados demonstrem que podem sustentar uma

---

[2] Ver *The Sphere of Government*, op. cit., p. 123. [N.A.]

família não excedem os poderes legítimos do Estado, e sejam essas leis funcionais ou não (o que depende principalmente de circunstâncias e sentimentos locais), não podem ser objetadas como violações da liberdade. Essas leis são uma interferência do Estado para proibir um ato maléfico — um ato tão danoso para os outros que deveria ser objeto de reprovação e de um estigma social, mesmo quando não se ache cabível que se acrescente ainda alguma punição legal. No entanto, as ideias correntes sobre a liberdade, que se inclinam tão facilmente a infringir de verdade a liberdade de um indivíduo, por coisas que só dizem respeito a ele, repeliriam qualquer tentativa de opor qualquer impedimento sobre suas inclinações, quando a consequência dessa indulgência é uma vida ou vidas de privações para os rebentos, com males dos mais diversos aspectos afetando todos aqueles que estejam perto o suficiente. Quando comparamos o estranho respeito da humanidade para com a liberdade com a sua estranha falta de respeito por ela, podemos imaginar que um homem tenha um direito inalienável para fazer mal aos outros, e nenhum direito para divertir-se sem causar dor a ninguém mais.

Reservei para o último lugar uma grande classe de questões a respeito dos limites da interferência governamental, as quais, apesar de estarem muito próximas do assunto deste ensaio, não pertencem estritamente a esse. São casos nos quais as razões contra a interferência não giram sobre o princípio da liberdade, a questão sendo não a restrição das ações dos indivíduos, mas sim sobre a ajuda aos indivíduos: pergunta-se se o governo deve, ou pode fazer com que aconteça algo em benefício das pessoas, ao invés de deixar que tudo seja feito por elas, individualmente ou em combinação voluntária.

As objeções contra a interferência governamental, quando esta não for de modo a envolver infrações da liberdade, podem ser de três tipos:

A primeira quando a coisa a ser feita será provavelmente mais bem feita por indivíduos do que pelo governo. Falando de forma geral, não há ninguém tão adequado para conduzir algum negócio, ou determinar como e por quem ele será conduzido, do que aqueles que estiverem pessoalmente interessados nele. Esse princípio condena as interferências, antes tão comuns, pela legislatura por oficiais do governo nos processos corriqueiros da indústria. Mas esta parte deste assunto foi trabalhada suficientemente pelos economistas políticos, e não está particularmente relacionada com os princípios deste ensaio.

A segunda objeção está mais próxima de nosso assunto. Em muitos casos, apesar de alguns indivíduos não conseguirem fazer alguma coisa específica, no geral, tão bem quanto os funcionários do governo, mesmo assim é desejável que essa ação seja realizada por eles, em vez do governo, como um meio de educação mental para eles — um modo de fortalecer suas faculdades ativas, exercendo seu julgamento, e lhes dando um conhecimento maior dos assuntos com os quais terão de lidar. Essa é a principal, se bem que não a única, recomendação para o julgamento por júri (em casos que não forem políticos), as instituições municipais e populares livres, a direção de empreendimentos industriais filantropos por meio de associações voluntárias. Essas não são questões de liberdade, estando conectadas com o assunto apenas remotamente, mas sim questões de desenvolvimento. Em outra ocasião poder-se-á tratar dessas coisas como partes de uma educação nacional, como, na verdade, o treinamento específico de um cidadão, a parte prática da educação política de um povo livre, retirando-o do estrito círculo dos egoísmos privados e familiares e acostumando-o à compreensão de interesses conjuntos, à gerencia de negócios em comum — habituando-o a agir por motivos públicos ou semipúblicos, e a guiar sua conduta por objetivos que unam em vez de isolar uma pessoa da outra. Sem esses hábitos e poderes, uma livre constituição não pode nem ser feita nem preservada, como mostram a natureza tão transitória da liberdade política em países onde essa não se fundamenta sobre uma base suficiente de liberdades locais. A gerência de negócios puramente locais pelas localidades, e das grandes empresas industriais pela união daqueles que voluntariamente possam suprir os meios pecuniários, vem recomendada por todas as vantagens que foram postas nesse ensaio como pertencendo à individualidade do desenvolvimento, e diversidade de meios de ações. As operações governamentais tendem a ser parecidas em todos os lugares. Já com indivíduos e associações voluntárias se dá o contrário, há experimentos variados e uma diversidade de experiência sem fim. O que o Estado pode fazer de útil é tornar-se o repositório central, e ativo distribuidor das experiências resultantes de muitas tentativas. O negócio do Estado é possibilitar que cada experimentador se beneficie das experiências dos outros, em vez de não tolerar nenhum experimento além dos próprios.

A terceira, e mais cogente razão para se restringir

a interferência governamental é o grande mal de se aumentar desnecessariamente o seu poder. Cada função adicionada àquelas já executadas pelo governo faz com que sua influência sobre esperanças e meios se torne mais ampla e converta, cada vez mais, a parte ativa e ambiciosa do público e meios dependentes do governo, ou de algum partido que almeje tornar-se o governo. Se as estradas, as ferrovias, os bancos, as seguradoras, as grandes companhias de capital aberto, as universidades e as entidades assistenciais públicas forem todos ramais do governo, e se, além disso, as corporações municipais e as juntas locais, com tudo aquilo por que agora elas são responsáveis, tornarem-se departamentos da administração central, se os empregados de todas essas empresas forem colocados e pagos pelo governo, e passarem a esperar do governo por toda e qualquer melhoria de vida, nem toda a liberdade de imprensa e a constituição popular da legislatura poderia tornar este, ou qualquer outro, país livre, exceto no nome. E o mal seria ainda maior o quanto mais eficiente e cientificamente a máquina administrativa fosse construída — os arranjos para se conseguir cabeças e mão de obra qualificadas mais bem planejados. Na Inglaterra tem sido sugerido que todos os membros do serviço civil do governo devam ser selecionados através de exames, para que as pessoas mais inteligentes e bem instruídas sejam escolhidas, e muito se tem escrito a favor e contra essa proposta. Um dos argumentos mais utilizados pelos oponentes é o de que a ocupação de funcionário oficial permanente do Estado não possui atrativos suficientes, em termos de dinheiro e de posição, para conseguir os mais talentosos, que sempre poderão achar uma carreira mais vantajosa nas diversas profissões, ou no serviço das companhias e outros empreendimentos. Não haveria nenhuma surpresa se esse argumento tivesse sido utilizado pelos favoráveis à proposta, como uma resposta à sua principal dificuldade. Vindo de seus oponentes, seria um argumento bem estranho. O que está apontado como uma objeção é na verdade a válvula de segurança do sistema proposto. Se de fato todos os grandes talentos do país *pudessem* ser engajados nos serviços governamentais, uma proposta que tendesse a levar a esse resultado poderia bem vir a causar inquietação. Se cada parte dos negócios da sociedade que requerem ação organizada, ou visões largas e compreensivas, estivessem nas mãos do governo, e se os escritórios do governo estivessem povoados pelos homens mais hábeis, toda a alta cultura e a inteligência prática do país, excetuando-se a puramente especulativa, estaria concentrada numa numerosa burocracia, da qual o resto da comunidade esperaria todas as coisas: a multidão por direção e ordens em tudo que tem que ser feito, os capazes e ambiciosos para avanços pessoais. Ser admitido nos quadros da burocracia e, quando admitido, subir através de seus degraus, seria o único objeto de ambição. Debaixo deste *régime*, não somente estaria o público de fora mal qualificado, por falta de experiência prática, para criticar ou julgar o modo de operação da burocracia, mas mesmo que, acidental ou naturalmente, o funcionamento das instituições populares façam subir por acaso aos píncaros do poder um dirigente, ou grupo de dirigentes de inclinações reformistas, nenhuma reforma poderá ser efetuada que seja contrária aos interesses da burocracia. Esta é a melancólica condição do império russo, segundo os relatos daqueles que tiveram oportunidade de observá-lo. O próprio tzar é incapaz diante do corpo burocrático, ele pode mandar qualquer burocrata para a Sibéria, mas não pode governar sem eles, ou contra a vontade deles. Sobre cada decreto seu, os burocratas tem o poder de veto tácito, bastando que se abstenham de pô-lo para funcionar. Em países de civilização mais avançada e com um espírito mais insurrecto, o público, acostumado a esperar que tudo seja feito para ele pelo Estado, ou pelo menos a nada fazer sem antes pedir ao Estado não só permissão mas também instruções de como deve ser feito, naturalmente pensa ser o Estado responsável por todo o mal que possa cair sobre si, e quando os males excedem a sua quota de tolerância, ergue-se contra o governo e faz o que é chamado de revolução, com a qual alguém, com ou sem autoridade legítima dada pela nação, assume o comando, dá as suas ordens para a burocracia, e tudo vai como dantes, a burocracia continuando a mesma e ninguém mais sendo capaz de assumir o lugar dela.

Um espetáculo muito diferente é exibido por um povo acostumado a fazer seus próprios negócios. Na França, na qual uma grande parte da população serviu nas forças armadas, e muitos chegaram pelo menos até o grau de oficiais não-comissionados, em cada insurreição popular há várias pessoas competentes para tomar a liderança, e que podem improvisar um plano aceitável de ação. O que os franceses são em assuntos militares, os americanos são em todos os tipos de negócios civis: que se os deixem sem governo, e cada grupo de americanos será capaz de improvisar um, e levar adiante esse ou qualquer outro negócio público com um grau suficiente de inteligência, ordem e decisão. É assim que cada povo livre deveria ser, e um povo capaz disso certamente é livre, e nunca será escravizado por um homem ou por um grupo de homens porque ele ou eles são hábeis o bastante para puxar as rédeas da administração central. Nenhuma burocracia pode esperar que um povo assim faça ou suporte algo que ele não quer. Mas onde tudo é feito através da burocracia, nada daquilo a que a burocracia for realmente contrária poderá ser feito. A constituição desses países é a organização da experiência e da habilidade prática da nação em um corpo disciplinado com o propósito de governar o resto, e quanto mais essa organização for perfeita, quanto mais bem-sucedida em acolher em si, e educar para si, as pessoas de maior capacidade de todos os níveis da comunidade, maior será a servidão de todos, os membros da burocracia incluídos. Pois os que mandam são tão escravos de sua organização e disciplina como os comandados os são dos comandantes. Um mandarim chinês não passa de instrumento e criatura de um despotismo, tal qual o mais humilde camponês. Um jesuíta é, até o mais baixo nível, o escravo da sua ordem, apesar da ordem mesma existir para o poder coletivo e importância de seus membros.

Não se pode também esquecer que a absorção de todas as principais habilidades do país pelo corpo governante será cedo ou tarde fatal para a atividade mental e o progresso do próprio corpo. Unidos como são, trabalhando dentro de um sistema que, como todos os sistemas, age necessariamente em grande medida através de regras fixas — o corpo de funcionários está sempre sob a constante tentação de cair numa rotina indolente ou, se de vez em quando eles deixam de lado esse círculo estafante, é para correr atrás de alguma barbaridade mal entendida que atiçou a fantasia de algum líder membro do corpo, e o único controle dessas tendências aliadas, embora aparentemente opostas, o único estímulo que pode manter a capacidade num alto nível do próprio corpo é a possibilidade real de que críticas vindas de fora, feitas por pessoas de igual capacidade, tenham de ser levadas em conta. Portanto, é indispensável que devam existir meios, independentes do governo, de formar essas capacidades, e proporcionar a elas oportunidades e experiências necessárias para que possam fazer julgamentos corretos sobre casos práticos de grande envergadura. Se devemos manter um capaz e eficiente corpo permanente de funcionários — acima de tudo, um corpo capaz de originar e implementar melhorias —, se não quisermos que nossa burocracia se degenere em pedantocracia, esse corpo não deve abarcar todas as ocupações que formam e cultivam as faculdades necessárias para o governo da humanidade.

Determinar o ponto no qual males tão formidáveis para a liberdade e o progresso humano começam, ou melhor, quando eles começam a predominar sobre os benefícios que traz a aplicação coletiva da força da sociedade, sob seus chefes reconhecidos, para a remoção de obstáculos que ficam no caminho de seu bem-estar, assegurar quanto das vantagens de um poder e informações centralizados se pode ter antes que os canais governamentais tomem uma proporção exagerada da atividade geral — é uma das questões mais dificultosas e complicadas da arte de governar. Em grande medida, é uma questão de detalhes, nos quais muitas e variadas considerações devem ser mantidas sob a vista, e nenhuma regra absoluta pode ser estabelecida. Mas creio que o princípio prático no qual a segurança se assenta, o ideal que deve ser mantido sob a vista, o padrão pelo qual se deve medir as tentativas de se superar as dificuldades, pode ser expresso nessas palavras: A maior disseminação de poder consistente com a eficiência, mas a maior centralização de informação possível, aliada à difusão desta a partir do centro. Assim, na administração municipal, como acontece nos estados da Nova Inglaterra, uma minuciosa divisão entre diversos funcionários, escolhidos pelas localidades, de todos os negócios que seria melhor não deixar com as pessoas diretamente interessadas neles mas, ao lado disso, teria que haver, em cada departamento dos assuntos locais, uma superintendência central, que seria um ramo do governo. A intenção dessa superintendência seria a de concentrar, como num foco, a variedade de informações e experiências derivadas das ações daquele ramo dos negócios públicos em todas as localidades, das experiências análogas que são feitas em países estrangeiros, e dos princípios gerais da ciência política. Esse órgão central deverá ter o direito de saber tudo que está sendo feito, e o dever específico de tornar o conhecimento adquirido em um lugar acessível aos outros. Liberado dos pequenos preconceitos e vistas estreitas pela sua elevada posição e sua abrangente esfera de observação, as suas recomendações certamente terão muito peso, mas o seu poder real deverá, como penso, estar limitado a obrigar os funcionários locais a obedecer as leis baixadas para a orientação deles. Em tudo que não estiver previsto pelos regulamentos gerais, esses funcionários devem ser deixados ao seu próprio juízo, sob a responsabilidade de seus contratadores. Em caso de violação das regras, eles devem ser responsáveis diante da lei, e os próprios regulamentos devem emanar da legislatura, a autoridade administrativa central apenas supervisionando a sua execução, e se eles não forem aplicados, dependendo da natureza do caso, apelar ao tribunal para que a lei seja cumprida, ou para os contratadores para que demitam os funcionários que não a executaram de acordo com seu espírito. Na sua concepção geral, esta é a superintendência central que se espera que o Comitê da Lei dos Pobres exerça sobre os administradores do Imposto para os Pobres neste país. Quaisquer poderes que o Comitê exerça além desse limite serão corretos e necessários em um caso específico, para a correção de hábitos de má administração profundamente enfronhados em assuntos que afetam não apenas as localidades, mas toda a comunidade; pois nenhuma localidade tem o direito de fazer de si mesma, por má administração, um ninho de pobreza, que necessariamente fluirá para outras localidades, e porá em risco a condição física e moral de toda a comunidade trabalhadora. Os poderes da coerção administrativa e da legislação subordinada que possui o Comitê da Lei dos Pobres (mas que, devido ao estado de opinião nesse assunto, raramente são exercidos), apesar de perfeitamente justificáveis em um caso de interesse nacional, estariam completamente fora de lugar numa superintendência de interesses puramente locais. Mas um órgão central de informação e instrução para todas as localidades seria igualmente valioso para todos os departamentos da administração. Para um governo, tal atividade nunca será excessiva, pois ela não impede, mas ajuda e estimula a atividade individual e o seu desenvolvimento. O malefício começa quando, ao invés de fazer surgir atividades e poderes de indivíduos e grupos de pessoas, o governo substitui a atividade deles pela sua própria, quando, em vez de informar, aconselhar e, dependendo da ocasião, denunciar, ele faz as pessoas trabalharem acorrentadas, ou as deixa de lado, e faz o trabalho no lugar delas. O valor de um Estado, a longo prazo, é o valor dos indivíduos que o compõem, e um Estado que adia o interesse que seus integrantes têm na expansão e elevação mental, em um pouco mais de capacidade administrativa, ou na coisa semelhante a essa última que a prática fornece, nos detalhes dos negócios, um Estado que diminui seus homens, para que estes sejam um instrumento mais dócil, mesmo que seja com bons propósitos — descobrirá que com homens pequenos nada de grande pode ser alcançado, e que a perfeição da maquinaria para a qual ele tudo sacrificou, no final não servirá para nada, por falta do poder vital que, para que a máquina pudesse funcionar sem percalços, o Estado preferiu banir.

COLEÇÃO DE BOLSO HEDRA

1. *Iracema*, Alencar
2. *Don Juan*, Molière
3. *Contos indianos*, Mallarmé
4. *Auto da barca do Inferno*, Gil Vicente
5. *Poemas completos de Alberto Caeiro*, Pessoa
6. *Triunfos*, Petrarca
7. *A cidade e as serras*, Eça
8. *O retrato de Dorian Gray*, Wilde
9. *A história trágica do Doutor Fausto*, Marlowe
10. *Os sofrimentos do jovem Werther*, Goethe
11. *Dos novos sistemas na arte*, Maliévitch
12. *Mensagem*, Pessoa
13. *Metamorfoses*, Ovídio
14. *Micromegas e outros contos*, Voltaire
15. *O sobrinho de Rameau*, Diderot
16. *Carta sobre a tolerância*, Locke
17. *Discursos ímpios*, Sade
18. *O príncipe*, Maquiavel
19. *Dao De Jing*, Laozi
20. *O fim do ciúme e outros contos*, Proust
21. *Pequenos poemas em prosa*, Baudelaire
22. *Fé e saber*, Hegel
23. *Joana d'Arc*, Michelet
24. *Livro dos mandamentos: 248 preceitos positivos*, Maimônides
25. *O indivíduo, a sociedade e o Estado, e outros ensaios*, Emma Goldman
26. *Eu acuso!*, Zola — *O processo do capitão Dreyfus*, Rui Barbosa
27. *Apologia de Galileu*, Campanella
28. *Sobre verdade e mentira*, Nietzsche
29. *O princípio anarquista e outros ensaios*, Kropotkin
30. *Os sovietes traídos pelos bolcheviques*, Rocker
31. *Poemas*, Byron
32. *Sonetos*, Shakespeare
33. *A vida é sonho*, Calderón
34. *Escritos revolucionários*, Malatesta
35. *Sagas*, Strindberg
36. *O mundo ou tratado da luz*, Descartes
37. *O Ateneu*, Raul Pompeia
38. *Fábula de Polifemo e Galateia e outros poemas*, Góngora
39. *A vênus das peles*, Sacher-Masoch
40. *Escritos sobre arte*, Baudelaire
41. *Cântico dos cânticos*, [Salomão]
42. *Americanismo e fordismo*, Gramsci
43. *O princípio do Estado e outros ensaios*, Bakunin
44. *O gato preto e outros contos*, Poe
45. *História da província Santa Cruz*, Gandavo
46. *Balada dos enforcados e outros poemas*, Villon
47. *Sátiras, fábulas, aforismos e profecias*, Da Vinci
48. *O cego e outros contos*, D.H. Lawrence

49. *Rashômon e outros contos*, Akutagawa
50. *História da anarquia (vol. 1)*, Max Nettlau
51. *Imitação de Cristo*, Tomás de Kempis
52. *O casamento do Céu e do Inferno*, Blake
53. *Cartas a favor da escravidão*, Alencar
54. *Utopia Brasil*, Darcy Ribeiro
55. *Flossie, a Vênus de quinze anos*, [Swinburne]
56. *Teleny, ou o reverso da medalha*, [Wilde et al.]
57. *A filosofia na era trágica dos gregos*, Nietzsche
58. *No coração das trevas*, Conrad
59. *Viagem sentimental*, Sterne
60. *Arcana Cœlestia e Apocalipsis revelata*, Swedenborg
61. *Saga dos Volsungos*, Anônimo do séc. XIII
62. *Um anarquista e outros contos*, Conrad
63. *A monadologia e outros textos*, Leibniz
64. *Cultura estética e liberdade*, Schiller
65. *A pele do lobo e outras peças*, Artur Azevedo
66. *Poesia basca: das origens à Guerra Civil*
67. *Poesia catalã: das origens à Guerra Civil*
68. *Poesia espanhola: das origens à Guerra Civil*
69. *Poesia galega: das origens à Guerra Civil*
70. *O chamado de Cthulhu e outros contos*, H.P. Lovecraft
71. *O pequeno Zacarias, chamado Cinábrio*, E.T.A. Hoffmann
72. *Tratados da terra e gente do Brasil*, Fernão Cardim
73. *Entre camponeses*, Malatesta
74. *O Rabi de Bacherach*, Heine
75. *Bom Crioulo*, Adolfo Caminha
76. *Um gato indiscreto e outros contos*, Saki
77. *Viagem em volta do meu quarto*, Xavier de Maistre
78. *Hawthorne e seus musgos*, Melville
79. *A metamorfose*, Kafka
80. *Ode ao Vento Oeste e outros poemas*, Shelley
81. *Oração aos moços*, Rui Barbosa
82. *Feitiço de amor e outros contos*, Ludwig Tieck
83. *O corno de si próprio e outros contos*, Sade
84. *Investigação sobre o entendimento humano*, Hume
85. *Sobre os sonhos e outros diálogos*, Borges — Osvaldo Ferrari
86. *Sobre a filosofia e outros diálogos*, Borges — Osvaldo Ferrari
87. *Sobre a amizade e outros diálogos*, Borges — Osvaldo Ferrari
88. *A voz dos botequins e outros poemas*, Verlaine
89. *Gente de Hemsö*, Strindberg
90. *Senhorita Júlia e outras peças*, Strindberg
91. *Correspondência*, Goethe — Schiller
92. *Índice das coisas mais notáveis*, Vieira
93. *Tratado descritivo do Brasil em 1587*, Gabriel Soares de Sousa
94. *Poemas da cabana montanhesa*, Saigyō
95. *Autobiografia de uma pulga*, [Stanislas de Rhodes]
96. *A volta do parafuso*, Henry James
97. *Ode sobre a melancolia e outros poemas*, Keats
98. *Teatro de êxtase*, Pessoa
99. *Carmilla — A vampira de Karnstein*, Sheridan Le Fanu

100. *Pensamento político de Maquiavel*, Fichte
101. *Inferno*, Strindberg
102. *Contos clássicos de vampiro*, Byron, Stoker e outros
103. *O primeiro Hamlet*, Shakespeare
104. *Noites egípcias e outros contos*, Púchkin
105. *A carteira de meu tio*, Macedo
106. *O desertor*, Silva Alvarenga
107. *Jerusalém*, Blake
108. *As bacantes*, Eurípides
109. *Emília Galotti*, Lessing
110. *Contos húngaros*, Kosztolányi, Karinthy, Csáth e Krúdy
111. *A sombra de Innsmouth*, H.P. Lovecraft
112. *Viagem aos Estados Unidos*, Tocqueville
113. *Émile e Sophie ou os solitários*, Rousseau
114. *Manifesto comunista*, Marx e Engels
115. *A fábrica de robôs*, Karel Tchápek
116. *Sobre a filosofia e seu método — Parerga e paralipomena (v. II, t. 1)*, Schopenhauer
117. *O novo Epicuro: as delícias do sexo*, Edward Sellon
118. *Revolução e liberdade: cartas de 1845 a 1875*, Bakunin
119. *Sobre a liberdade*, Mill
120. *A velha Izerguil e outros contos*, Górki
121. *Pequeno-burgueses*, Górki
122. *Um sussurro nas trevas*, H.P. Lovecraft
123. *Primeiro livro dos Amores*, Ovídio
124. *Educação e sociologia*, Durkheim
125. *Elixir do pajé — poemas de humor, sátira e escatologia*, Bernardo Guimarães
126. *A nostálgica e outros contos*, Papadiamántis
127. *Lisístrata*, Aristófanes
128. *A cruzada das crianças/ Vidas imaginárias*, Marcel Schwob
129. *O livro de Monelle*, Marcel Schwob
130. *A última folha e outros contos*, O. Henry
131. *Romanceiro cigano*, Lorca
132. *Sobre o riso e a loucura*, [Hipócrates]
133. *Hino a Afrodite e outros poemas*, Safo de Lesbos
134. *Anarquia pela educação*, Élisée Reclus
135. *Ernestine ou o nascimento do amor*, Stendhal
136. *A cor que caiu do espaço*, H.P. Lovecraft
137. *Odisseia*, Homero
138. *História da anarquia (vol. 2)*, Max Nettlau

Edição _	Iuri Pereira
Coedição _	Jorge Sallum e Oliver Tolle
Preparação _	Oliver Tolle e Iuri Pereira
Revisão _	Bruno Oliveira
Capa e projeto gráfico _	Júlio Dui e Renan Costa Lima
Imagem de capa _	David Dennis, "Rubber Ducks with Sunglasses" (2004)
Programação em LaTeX _	Marcelo Freitas
Assistência editorial _	Bruno Oliveira
Colofão _	Adverte-se aos curiosos que se imprimiu esta obra em nossas oficinas em 28 de novembro de 2011, em papel off-set 90 g/m², composta em tipologia Minion Pro, em GNU/Linux (Gentoo, Sabayon e Ubuntu), com os softwares livres LaTeX, DeTeX, vim, Evince, Pdftk, Aspell, svn e TRAC.

Autor — MILL
Título — SOBRE A LIBERDADE

Copyright — Hedra 2011
Tradução© — Ari R. Tank Brito
Corpo editorial — Adriano Scatolin, Alexandre B. de Souza, Bruno Costa, Caio Gagliardi, Fábio Mantegari, Iuri Pereira, Jorge Sallum, Oliver Tolle, Ricardo Musse, Ricardo Valle

Dados —

Dados Internacionais de Catalogação na Publicação (CIP)

M580 Mill, Stuart (1806–1873)
    Sobre a liberdade. / Stuart Mill. Tradução e organização de Ari R. Tank. – São Paulo: Hedra, 2010. 208 p.

ISBN 978-85-7715-200-1

1. Filosofia. 2. Filosofia Inglesa. 3. Mill, John Stuart (1806–1873). 4. Pensamento Liberal. 5. Liberdade. I. Título. II. Brito, Ari R. Tank, Tradutor. III. Brito, Ari R. Tank, Organizador.
CDU 123
CDD 123

Elaborado por Wanda Lucia Schmidt CRB-8-1922

Direitos reservados em língua portuguesa somente para o Brasil

EDITORA HEDRA LTDA.

Endereço — R. Fradique Coutinho, 1139 (subsolo) 05416-011 São Paulo SP Brasil
Telefone/Fax — +55 11 3097 8304
E-mail — editora@hedra.com.br
Site — www.hedra.com.br

Foi feito o depósito legal.

Autor _ MILL
Título _ SOBRE A LIBERDADE
Organização e tradução _ ARI R. TANK BRITO
São Paulo _ 2011

John Stuart Mill (Londres, 1806—Avignon, 1873), filósofo, economista e parlamentar inglês, é um dos mais importantes pensadores liberais do século XIX. Na infância foi submetido a uma educação rigorosa por seu pai, James Mill, e posteriormente por Jeremy Bentham, fundador do utilitarismo. Rapidamente Mill reconhecerá no utilitarismo clássico uma ameaça à liberdade individual e empreenderá uma profunda reformulação em seus princípios, sem todavia jamais deixar de ser utilitarista. Conhece a obra de Auguste Comte em 1828, com o qual manterá uma intensa correspondência entre os anos de 1841 e 1846. Em 1851 desposa Harriet Taylor, famosa defensora dos direitos da mulher, e com a qual tinha mantido até então mais de vinte anos de amizade. Dentre as inúmeras obras que publicou vale destacar: *Sistema de lógica dedutiva* (1843), *Princípios de economia política* (1848) e *Utilitarismo* (1861). Fortemente engajado em movimentos de emancipação da mulher, em 1865 é eleito para a Câmara dos Comuns, a qual será dissolvida em 1868, obrigando Mill a mudar para o sul da França, em Avignon.

Sobre a liberdade (On Liberty, 1859) é uma defesa da individualidade e de sua autonomia diante da sociedade e do Estado. Para Mill, a "tirania da maioria" impõe uma homogeneidade que não é saudável para o desenvolvimento da sociedade. Os indivíduos são livres para fazerem o que quiserem, desde que não causem prejuízo aos seus semelhantes.

Ari R. Tank Brito é mestre em Filosofia pela Universidade de Varsóvia, Polônia (1990) e doutor pela Universidade de São Paulo (2007). Atualmente é professor da Universidade Federal do Mato Grosso. Organizou e traduziu, para a Coleção de Bolso Hedra, a *Carta sobre a tolerância*, de John Locke.